Lesekompetenz

M 1: Tschüss Landleben

Immer mehr Wildtiere zieht es in die Nähe der Menschen. Je größer eine Stadt, desto vielfältiger ist ihr Tierleben. In einer europäischen Metropole leben durchschnittlich mehr als 10 000 unterschiedliche Arten. [...]

Wissenschaftler prognostizieren[1]: Die Zahl der Tiere in den Städten wird in Zukunft noch zunehmen. Denn hier gehe es vielen mittlerweile besser als auf dem Land, sagt auch der Berliner Wildtierexperte Derk Ehlert. Das große Futterangebot ist dafür entscheidend.

Besonders die vielen offen liegenden und gut zugänglichen Abfälle locken Fuchs, Mauersegler[2] oder Waschbär in die Großstadt. Die Bedingungen sind hier besser als draußen im Wald, auf Feldern und Wiesen, wo landwirtschaftliche Monokulturen[3] nur noch wenig Nahrung bieten.

„Wir bauen hektarweise nur noch eine Pflanzenart an, überdüngen die Felder, zerstören mit schweren Geräten die Lebensräume", sagt Derk Ehlert. Was wächst und was nicht, liegt allein in der Hand des Menschen. Für die Wildtiere bleibt auf dem Land deshalb weniger Nahrung.

Neue Autobahnen und Bahnstrecken zerschneiden immer stärker ihre Lebensräume und verkleinern das Gebiet für die Nahrungssuche weiter. Auch die Städte dehnen sich weiter aus, sodass manche Tiere ganz ihren ländlichen Lebensraum verlieren.

Hallo Stadtleben

Die Stadt ist vielfältig und bietet den Wildtieren so ausreichend Nahrung. Volle Mülltonnen etwa laden zum Beutezug ein. In Kassel müssen sie sogar abgeschlossen werden, denn Waschbären öffnen die Tonnen. Kleingärten bieten eine große Auswahl an pflanzlicher Nahrung auf dem Beet oder Kompost.

Und manchmal füttern die Menschen die Tiere sogar noch zusätzlich. Die Menschen versorgen Vögel im Winter mit Futter, ein Hungertod ist nahezu ausgeschlossen.

Nicht nur in puncto Nahrungssuche, sondern auch bei den Unterkunftsmöglichkeiten hat eine Großstadt für Tiere viel zu bieten. In Parks, Häusern und auf Brachen[4] gibt es Nischen zum Leben, die sogar sicherer sind als die freie Wildbahn.

Wildkaninchen zum Beispiel werden in Wohngebieten weniger häufig gejagt als außerhalb der Stadt: Natürliche Feinde verirren sich nicht hierher, Hunde sind meistens an der Leine und ein Jäger wird erst tätig, wenn die Population[5] stark überhandnimmt.

Das meist trockene und wärmere Klima hält die Tiere zusätzlich in der Stadt, wo auch für die nächste Generation wieder gut gesorgt ist. Wildschweine, Ratten, Füchse, Tauben, Kaninchen – sie alle werden zu sogenannten Kulturfolgern: Sie leben ganz nah am Menschen und profitieren davon.

Brachen in Berlin

Mitten in der Großstadt, sogar mitten in der deutschen Hauptstadt sollen Tiere leben? Tatsächlich sind es vor allem die Abschnitte zwischen den Bezirken, insbesondere die Brachen, die für Wildtiere so attraktiv sind. „Berlin ist aufgrund seiner Struktur einmalig", sagt Wildtierexperte Ehlert. „Die Stadt ist sternförmig angeordnet, durchzogen von sehr viel Grün. Es ist einem Tier so möglich, von ganz außen bis ins Zentrum vorzudringen."

Die Mischung aus Grünland, kurzen Wegen zum Müll und stillen Unterschlupfen lädt die Tiere ein. Besonders in Berlin gibt es zahlreiche Brachen, auf denen sie sich ungestört niederlassen und vermehren können. Das hat auch viel mit der Geschichte der Stadt zu tun. Nach der Wende wurden viele alte Betriebe geschlossen; zurück blieben verlassene Hallen und Fabrikgelände.

Auf stillgelegten Güterbahnhöfen der ehemaligen DDR etwa finden Tiere neuen Lebensraum. Auch andere Städte und Regionen, die einen Strukturwandel[6] durchlaufen, bieten Wildtieren neue Lebensräume auf Brachen, zum Beispiel das Ruhrgebiet.

Tiere verändern sich

Das Leben in der Stadt gleicht nicht dem Leben auf dem Land – und das hinterlässt Spuren. Die Tiere reagieren auf ihre Umgebung und verändern sich. Leben sie dicht neben dem Menschen, verlieren sie ihre natürliche Scheu. Für die zweite Generation ist eine Rückkehr in die Wildnis kaum mehr möglich.

Denn die Tiere kennen nur noch das Leben in der Stadt und würden in anderer Umgebung, neben ihren natürlichen Fressfeinden, nicht überleben. Es gibt Füchse, die es sich in Parkanlagen heimelig gemacht haben und ihr Revier nicht mehr verlassen. Würde man sie betäuben und in die Wildnis bringen, wären sie am nächsten Tag wieder an Ort und Stelle.

Auch Vögel verändern ihr Verhalten: Kohlmeisen und Nachtigallen singen in der Stadt lauter und schriller, wie Vogelkundler herausgefunden haben. Sie vermuten, dass die Tiere das tun, um über den Stadtlärm hinweg zu singen. Manche Rotkehlchen werden nachtaktiv, um den Kontakt mit Menschen zu vermeiden.

Und Stare und Amseln zwitschern plötzlich Handymelodien. Ob sich Stadttiere in Zukunft noch mit ihren Artgenossen in der Wildnis vermehren können, darüber sind sich Wissenschaftler nicht einig. Vogelkundler aber prognostizieren langfristig die Entstehung neuer Arten, die sich auf das Leben in der Stadt spezialisiert haben.

Tierische Einwanderer

In der Stadt leben nicht nur die Tiere, die vom Land gekommen sind. Immer wieder ist von ausgebüxten Exoten zu hören, die nicht aus unseren Breitengraden stammen. So machte im September 2010 ein ausgerissenes Känguru in Hamburg Schlagzeilen und bereitete der Polizei alle Mühe, es wieder einzufangen. Es stellte sich heraus, dass der Besitzer auch ein zweites vermisste. Hätten die Beuteltiere eine Chance zu überleben? Die Geschichte erinnert sehr an die Verbreitung des Waschbären in Deutschland.

In den 1930er Jahren lebten zwei Waschbärenpaare in Deutschland: Eines war am Edersee bei Kassel ausgesetzt worden, das andere war in Berlin ausgerissen. Heute, Jahrzehnte später, sind die eigentlich aus Nordamerika stammenden Tiere zu einer echten Plage geworden. Waschbären haben in Deutschland ihre Nischen gefunden und vermehren sich stark.

„Das ist ein Zeichen dafür, dass es ihnen bei uns gut geht und das Futterangebot hervorragend ist", sagt Derk Ehlert. „Wir können da wenig tun. Lediglich knappe Futterressourcen[7] oder Krankheiten könnten den Bestand verkleinern."

Quelle: Claudia Kynast: Tier und Mensch: Tiere der Stadt, 4.4.2017; www.planet-wissen.de/natur/tier_und_mensch/tiere_der_stadt/index.html

1 *prognostizieren:* vorhersagen
2 *Mauersegler:* Vogelart aus der Familie der Segler
3 *Monokultur:* Begriff aus der Landwirtschaft; eine Bewirtschaftung von Feldern, die sich dadurch auszeichnet, dass nur eine bestimmte Pflanze angebaut wird, z. B. Raps
4 *Brache:* unbebautes Land, um das sich niemand kümmert
5 *Population:* Menge einer Art, hier: die Menge an Kaninchen
6 *Strukturwandel:* Veränderung der Nutzung
7 *Futterressourcen:* Futtervorräte

Aufgaben zum Leseverstehen von M 1

Lies den Text „Tschüss Landleben“. Bearbeite dann die Aufgaben.

1 Nenne drei Wildtierarten, die in der Stadt heimisch geworden sind.

______________ ______________ ______________

2 Die Verfasserin geht der Frage nach, welche Vorteile es Tieren bringt, in der Stadt zu leben.
Bringe die Vorteile in die Reihenfolge, in der sie im Text genannt werden.
Nummeriere sie entsprechend.

Nummer	Vorteile
	mehr Sicherheit
	wärmeres Klima
	größeres Nahrungsangebot
	viele Unterkunftsmöglichkeiten

3 Was ist ein *„Kulturfolger“* (vgl. Z. 50)?
Erkläre die Bedeutung des Begriffs. Schreibe ein bis zwei Sätze.

Tipp
Du findest die Erklärung im Text. Schreibe aber nicht daraus ab, sondern formuliere die Erklärung in deinen eigenen Worten. ■

4 Immer mehr Wildtiere ziehen das Leben in der Stadt dem auf dem Land vor.

a Nenne drei Gründe, die dazu geführt haben, dass sich die Lebensbedingungen auf dem Land für die Wildtiere verschlechtert haben.

- ______________
- ______________
- ______________

b Der folgende Satz fasst die Lebenssituation der Tiere auf dem Land zusammen.
Ergänze in den Lücken jeweils ein Wort.

Auf dem Land gibt es für die Tiere immer weniger ______________ und immer weniger ______________.

5 Wie kommen Wildtiere in der Stadt an Nahrung? Kreuze an, ob die Aussagen zutreffen oder nicht.
Hinweis: Denke daran: Deine Antworten müssen sich an dem orientieren, was im Text steht.

		trifft zu	trifft nicht zu
a	Sie fressen kleinere Tiere, z. B. Mäuse.	☐	☐
b	Sie plündern Mülltonnen.	☐	☐
c	Sie finden pflanzliche Nahrung in Kleingärten.	☐	☐
d	Sie werden von Menschen gefüttert.	☐	☐
e	Sie wühlen in Parks nach Wurzeln.	☐	☐

6 Erkläre, warum Mülltonnen in Kassel abgeschlossen werden müssen.

Tipp
Überlege, was passieren würde, wenn es diese Regelung nicht gäbe. ■

7 Viele Vögel haben sich an das Leben in der Stadt angepasst.

a Ergänze jeweils den möglichen Grund für das veränderte Verhalten dieser Vogelarten.

Einige Rotkehlchen werden nachtaktiv, um ________________________________.

Kohlmeisen und Nachtigallen singen lauter und schriller, um ________________________________.

b Nenne eine besondere Fähigkeit, die Stare und Amseln in der Stadt erworben haben.

8 Wie ist es zu erklären, dass ausgerechnet in Berlin so viele Wildtiere leben?
Kreuze an, ob die folgenden Aussagen zutreffen oder nicht.

		trifft zu	trifft nicht zu
a	Dort sind viele Parks und Grünflächen.	☐	☐
b	Tiere folgen den Spuren ihrer Artgenossen.	☐	☐
c	Die Berliner sind besonders tierfreundlich.	☐	☐
d	Tiere finden leicht den Weg ins Stadtzentrum.	☐	☐
e	Es gibt viele Möglichkeiten für einen Unterschlupf.	☐	☐
f	Tiere können problemlos an Nahrung gelangen.	☐	☐

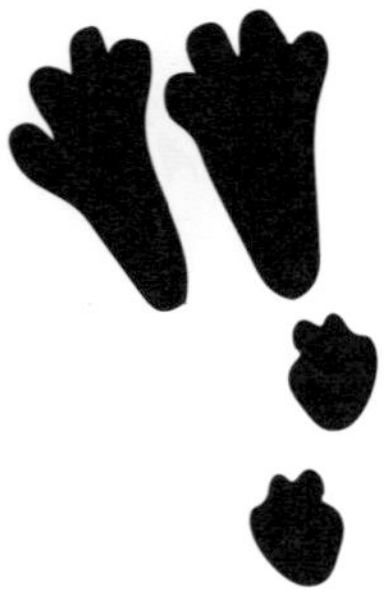

9 Warum können Wildtiere, die in der Stadt leben, nicht wieder ausgewildert werden? Kreuze die passende Aussage an.

- ☐ Sie haben verlernt, Beute zu jagen und nach Futter zu suchen.
- ☐ Sie kennen die Gefahr durch ihre natürlichen Fressfeinde nicht.
- ☐ Sie haben sich an das Zusammenleben mit Menschen gewöhnt.
- ☐ Sie finden in der Wildnis keinen sicheren Unterschlupf mehr.

10 Vogelkundler nehmen an, dass es irgendwann neue Arten geben wird, die sich auf das Leben in der Stadt spezialisiert haben. Erläutere, was dafür sprechen könnte.

____

____

____

____

11 Was müsste geschehen, ehe Jäger in der Stadt gegen Wildtiere aktiv werden? Nenne den Auslöser.

____

12 Erkläre, was ein *„ausgebüxter Exot“* (vgl. Z. 106 f.) ist.

____

____

____

____

13 Welche Adverbien passen in die Lücken? Ergänze, sodass sich sinnvolle Sätze ergeben. Du kannst aus diesen Adverbien auswählen:

auch • außerdem • nur • wahrscheinlich • wenigstens • hingegen • nämlich • trotzdem

In den 1930er-Jahren lebten ____________________ zwei Waschbärenpaare in Deutschland.

Heute ____________________ sind die Tiere zu einer echten Plage geworden. (Vgl. Z. 115–120)

14 Welche Erklärung hat der Wildtierexperte Derk Ehlert dafür, dass Waschbären inzwischen zu einer *„echten Plage“* (Z. 120) in Deutschland geworden sind? Beantworte die Frage in zwei bis drei Sätzen.

____

____

____

M 2: Das geht gar nicht!

Der Körpersprache nach zu urteilen hat es im Leben von Jörg entspanntere Momente gegeben als diesen. „Wie schön, Sie heute hier bei uns zu sehen", quetscht er heraus, sortiert die Arme neu und schiebt ein gequältes Lächeln hinterher. „Sehr gut", lobt die Seminarleiterin, „und denken Sie bitte daran: Der Kunde hat bei Ihnen einen Föhn gekauft, der nicht funktioniert, jetzt ist er ärgerlich und braucht seine WDAs." Jörg, von Beruf Facility Manager[1], grübelt und kommt zu einem Ergebnis: „Das tut mir leid für Sie, sowas Dummes ist mir auch schon mal passiert." „Wunderbar, weiter", sagt die Seminarleiterin, „ein WDA fehlt noch!" Jörg grübelt.

Wie jeder hier im Raum mittlerweile weiß, sind WDAs „Worte der Anerkennung". Am Ende springt die Seminarleiterin ein. Das dritte Wort der Anerkennung lautet: „Wie schön, dass Sie uns Gelegenheit geben, den Fehler wiedergutzumachen."

Ein Heidelberger Vier-Sterne-Hotel. Die Trainerin leitet ein Seminar, das „Business-Knigge" heißt, und sie trägt einen Namen, der sie dafür gleich dreifach qualifiziert: Donata Gräfin Fugger[2].

Vor ihr im Halbkreis sitzen sieben Männer und vier Frauen mittleren Alters, meist leitende Angestellte in mittelständischen Betrieben, die den Kanon von Stil und Etikette[3] in der Geschäftswelt kennenlernen sollen. Alle haben das vage Gefühl, von Stil und Etikette eher wenig zu verstehen. Um es mit dem Ohrringträger Carsten zu sagen, Juniorchef einer badischen Werkzeugfirma: „Wie vermeid ich's, ins Fettnäpfle zu dappe?"

In den folgenden zwei Tagen wird Carsten kapieren, dass in seiner Nähe mehr Fettnäpfchen rumlungern, als er für möglich gehalten hätte, und dass die Ohrringe noch der kleinste Lapsus[4] sind.

Donata Gräfin Fugger ist eine eher ungräfinnenhafte Person. Ihr natürlicher Blickwinkel ist die Augenhöhe, ihre Konversation von stets gleichbleibender Freundlichkeit, der Humor kommt ein bisschen durch die Blume, ist jedoch spürbar vorhanden, der Tonfall herzlich bis liebevoll. Mehr noch: Es umgibt die Gräfin eine Aura[5] tief empfundenen Verständnisses für die Fettnapf-Dapper dieser Welt.

„Gesundheit"? Sagt man nicht mehr.

Nichtsdestoweniger handelt der „Business-Knigge" von elf Menschen, denen das gesellschaftliche Parkett erst mal quadratmeterweise unter den Füßen wegbricht. „Guten Appetit" zum Auftakt des gemeinsamen Mahls: überflüssig, weil selbstverständlich. „Gesundheit" nach Niesen: Sagt man nicht mehr, aus Rücksicht auf etwaige Allergiker, deren Gebrechen nonchalant[6] zu übersehen ist. „Mahlzeit!" beim Gang in die Kantine: Geht gar nicht, weil die Brücke zum Smalltalk nicht geschlagen wird. „Entschuldigen Sie mich kurz" am Restauranttisch: No way. Falls Sie wirklich mitten im Dinner aufs Klo müssen, schulden Sie keinem Rechenschaft; und kommen Sie jetzt nicht auf den Gedanken, das Personal nach dem Weg zur Toilette zu fragen. „Wo kann ich mir bitte die Hände waschen?" – allerhöchstens.

Der nächste Programmpunkt klingt dann wieder einigermaßen überschaubar: „Stehen im Raum". Da kann man nicht viel falsch machen, denkt man, und steht auf. Desaster[7]. Anja wippt allzu locker in der Hüfte, Carsten steht zu breitbeinig, Heike zu krumm, an Rüdiger hängen die Arme wie zwei traurige Bandwürmer herunter. Jörg hat seine Hände in die Hosentaschen versenkt. „Die Hosentaschen", sagt die Gräfin, „nähen Sie am besten zu, die brauchen Sie nicht."

„Stehen im Raum" ist zur allgemeinen Verblüffung eine Kunst für sich. Das Gewicht ist gleichmäßig auf beide Beine zu verteilen, die Füße stehen 20 Zentimeter auseinander und zeigen zum Gesprächspartner hin. Schultern zurück. Rücken gerade. Die Hände wiederum befinden sich in der „neutralen Parkposition", also etwa auf Bauchhöhe, „das wirkt souverän, und da haben Sie es beim Gestikulieren auch nicht weit nach oben und unten", erklärt die Gräfin pragmatisch[8]. Alle üben nun die neutrale Parkposition und sehen nicht glücklich dabei aus. „Wunderbar", sagt die Gräfin, „dann können wir jetzt eine kleine Smalltalk-Übung machen."

Man ahnt bereits, dass man in seinem bisherigen Leben auch beim Smalltalk alles, alles falsch gemacht hat, und wird auf furchtbare Weise bestätigt. Allein das Begrüßungsritual[9] wimmelt von Fallstricken. Zunächst einmal sollte der gewiefte Smalltalker alle in Frage kommenden Rangreihenfolgen abgespeichert haben – Frau vor Mann, Alter vor Jugend, Vorgesetzter vor Angestelltem –, weil es nämlich so ist, dass der Ranghöhere dem Rangniederen die Hand reicht.

Nur nicht anlehnen!

Nach sechs Stunden Business-Knigge beginnt man sich leise zu fragen, ob Höflichkeit womöglich die raffinierteste Form der Heuchelei ist. Man sagt „genießen" statt essen und trinken. Man sagt „Wie schön, dieses Gespräch mit Ihnen geführt zu haben", wenn man es gern beenden will. Man wirft überhaupt nur so um sich mit Worten der Anerkennung, an die man meistens selbst nicht glaubt.

Das Ergebnis ist eine freundlichere Welt, eine Welt wie aus Watte. Gedämpft, schwerelos und allzeit wohltemperiert, ein Kunstkosmos[10], aus dem alles Lärmende, Grelle, Unkonventionelle[11] verbannt worden ist. Carstens Ohrringe. Jörgs „zu laute" Krawatte. Anjas Lache, die etwas von einem startenden Kampfjet hat. Man fragt sich, was von dem Menschen eigentlich noch übrig bleibt, wenn die Etikette mit ihm fertig ist.

Heike sagt, sie werde sich nicht komplett umstellen. „Aber es ist schon gut zu wissen, auf welche Sachen man achten sollte. Da fühl ich mich in Zukunft sicherer." Nun ja. Das war vor dem Vier-Gänge-Menü. [...]

Quelle: Tanja Rest: Das geht gar nicht!, süddeutsche.de, 31. 10. 2011; www.sueddeutsche.de/karriere/richtig-benehmen-das-geht-gar-nicht-1.586305 (aus didaktischen Gründen stellenweise gekürzt)

1 *Facility Manager:* jemand, der in der Verwaltung eines Unternehmens tätig ist
2 *Fugger:* ein altes schwäbisches Kaufmannsgeschlecht, das im Mittelalter zu großem Reichtum gelangte und im Jahre 1511 in den Adel erhoben wurde
3 *Etikette:* (gutes) Benehmen
4 *Lapsus:* Fehler, Ausrutscher
5 *Aura:* Ausstrahlung
6 *nonchalant:* lässig, ungezwungen
7 *Desaster:* Unglück, katastrophaler Fehlschlag
8 *pragmatisch:* praktisch, zweckmäßig
9 *Ritual:* Vorgehen, das immer nach den gleichen, festgelegten Regeln abläuft
10 *Kunstkosmos:* eine künstliche Welt
11 *unkonventionell:* unüblich, abweichend vom Normalen

Aufgaben zum Leseverstehen von M 2

Lies den Text „Das geht gar nicht!" und bearbeite anschließend die Aufgaben.

1 Worum geht es in dem Text? Kreuze die passende Aussage an.

Es geht um …

- ☐ richtiges Benehmen im Alltag.
- ☐ den richtigen Umgang von Geschäftsleuten untereinander.
- ☐ einen Kurs zum Erlernen von Benimmregeln im Beruf.
- ☐ die Schwierigkeiten guten Benehmens.

Tipp

Die Frage verlangt, dass du das Hauptthema des Textes bestimmst. Lass dich nicht von nebensächlichen oder untergeordneten Themenbereichen ablenken. ■

2 Woran merkt man, dass Jörg sich nicht wohlfühlt?
Hinweis: Du solltest zwei Anzeichen für sein Unwohlsein anführen.

____

____

____

3 Im Text ist mehrmals von *„WDAs"* die Rede. Wofür steht diese Abkürzung?

____

4 Erkläre mit eigenen Worten, **wann** und **warum** *„WDAs"* erwartet werden.
Hinweis: Formuliere deine Antworten allgemein.

Wann: __________________________________

Warum: __________________________________

5 Jörg soll sich vorstellen, dass ein Kunde mit der Beschwerde über einen Föhn zu ihm kommt. Warum sind seine *„WDAs"* nicht ausreichend? Kreuze an, welche der Aussagen zutreffen und welche nicht.

		trifft zu	trifft nicht zu
a	Er hat nur zwei WDAs vorgetragen.	☐	☐
b	Er spricht von eigenen Erfahrungen.	☐	☐
c	Er nimmt die Aufgabe nicht ernst.	☐	☐
d	Er reagiert unfreundlich.	☐	☐
e	Er weiß nicht, was er sagen soll.	☐	☐
f	Er spricht zu leise und nuschelt.	☐	☐

6 Erkläre, warum die Teilnehmer einen solchen Kurs besuchen? Schreibe einen vollständigen Satz.

7 Erkläre, was man sich unter einem *„Fettnapf-Dapper“* (Z. 43) vorstellen muss. Schreibe ein bis zwei vollständige Sätze.

Tipp

Der Ausdruck ist eine Anspielung auf eine Redensart. ■

8 Es heißt über Carsten, seine Ohrringe seien *„noch der kleinste Lapsus“* (Z. 35). Was lässt sich daraus schließen und was nicht? Kreuze entsprechend an.

		trifft zu	trifft nicht zu
a	Es passt nicht, dass er Ohrringe trägt.	☐	☐
b	Er hätte andere Ohrringe auswählen sollen.	☐	☐
c	Dass er Ohrringe trägt, ist nicht schlimm.	☐	☐
d	Er benimmt sich des Öfteren falsch.	☐	☐
e	Er hat in Sachen Benimm noch viel zu lernen.	☐	☐

9 Die Verfasserin beschreibt die Seminarleiterin als *„eher ungräfinnenhafte Person“* (Z. 36 f.). Damit deutet sie an, dass manche Menschen von einer Gräfin ein anderes Verhalten erwarten würden. Vervollständige die Tabelle, indem du die rechte Spalte ausfüllst.

Verhalten der Gräfin:	Verhalten, das manche von einer Gräfin erwarten würden:
„Ihr natürlicher Blickwinkel ist die Augenhöhe“ (Z. 37 f.)	
„ihre Konversation [ist] von stets gleichbleibender Freundlichkeit“ (Z. 38 f.)	
„der Humor kommt ein bisschen durch die Blume, ist jedoch spürbar vorhanden“ (Z. 39 ff.)	
„der Tonfall [ist] herzlich bis liebevoll“ (Z. 41)	
„Es umgibt die Gräfin eine Aura tief empfundenen Verständnisses für die Fettnapf-Dapper dieser Welt.“ (Z. 42 f.)	

10 Es heißt über die Teilnehmer, dass ihnen *„das gesellschaftliche Parkett erst mal quadratmeterweise unter den Füßen wegbricht“* (Z. 46 ff.). Um welches Sprachbild handelt es sich hier und was kommt damit zum Ausdruck? Kreuze jeweils passend an.

Tipp

Ein bildhafter Vergleich enthält einen Ausdruck des Vergleichs (z. B. *wie, als ob*), eine Metapher nicht. ■

Sprachbild:

- ☐ Metapher
- ☐ Symbol
- ☐ bildhafter Vergleich
- ☐ Personifikation

Bedeutung:

- ☐ Sie fühlen sich überanstrengt und müde.
- ☐ Sie sind völlig verunsichert.
- ☐ Sie sind überwiegend im Stehen tätig.
- ☐ Sie fallen vor Schreck zu Boden.

11 Die Seminarleiterin erklärt einige gängige Verhaltensweisen zu Beginn eines gemeinsamen Essens für falsch. Wie begründet sie das? Ordne jeweils den richtigen Buchstaben zu.

A Man ist niemandem eine Erklärung schuldig.
B Auf diese Weise kommt man mit niemandem ins Gespräch.
C Das ist sowieso selbstverständlich und deshalb überflüssig.
D Man sollte gesundheitliche Probleme eines anderen nicht beachten.

Falsches Verhalten	Buchstabe
Man sagt „Guten Appetit“ zu Beginn des Essens.	
Man sagt „Gesundheit“, nachdem jemand geniest hat.	
Man sagt „Mahlzeit“ beim Gang in die Kantine.	
Man sagt „Entschuldigen Sie mich kurz“, wenn man zur Toilette geht.	

12 Bringe die einzelnen Programmpunkte des Seminars in die richtige Reihenfolge, indem du sie entsprechend nummerierst.

Nummer	Programmpunkt
	Stehen im Raum
	Angemessene Worte beim Essen mit anderen
	Manieren beim Vier-Gänge-Menü
	Begrüßungen und Smalltalk
	Äußern von „WDAs“

13 Wie steht man angemessen in einem Raum? Nenne die Vorgaben der Seminarleiterin.
Hinweis: Du solltest fünf Vorgaben nennen.

___

___

14 Wer darf wem bei der Begrüßung die Hand entgegenstrecken? Mache **pro Zeile** ein Kreuz.

☐ der Mann der Frau ☐ die Frau dem Mann
☐ der Jüngere dem Älteren ☐ der Ältere dem Jüngeren
☐ der Chef dem Angestellten ☐ der Angestellte dem Chef

15 Die Verfasserin sagt, man würde nach einem solchen Kurs anfangen, *„sich leise zu fragen, ob Höflichkeit womöglich die raffinierteste Form der Heuchelei ist“* (Z. 97 f.).
Erkläre, was sie damit meint. Nenne zur Veranschaulichung ein Beispiel. Schreibe ganze Sätze.

Tipp
Überlege, was man unter „Heuchelei“ versteht – z. B. wenn jemand Interesse für etwas heuchelt. ■

Beispiel:

16 An einer Stelle heißt es, ein solcher Kurs könnte dazu führen, dass eine *„Welt wie aus Watte“* (Z. 104 f.) entsteht. Was wird mit diesem Sprachbild zum Ausdruck gebracht?

Tipp
Um die Textstelle zu erklären, musst du dir die wesentlichen Eigenschaften des Bildspenders (*Watte*) vor Augen führen. Diese werden auf den Bildempfänger (*Welt*) übertragen. ■

17 Was hältst du selbst von einem „Business-Knigge“? Kreuze an und begründe deine Meinung.

Ich finde die Teilnahme an einem solchen Seminar …

☐ sinnvoll.
☐ überflüssig.

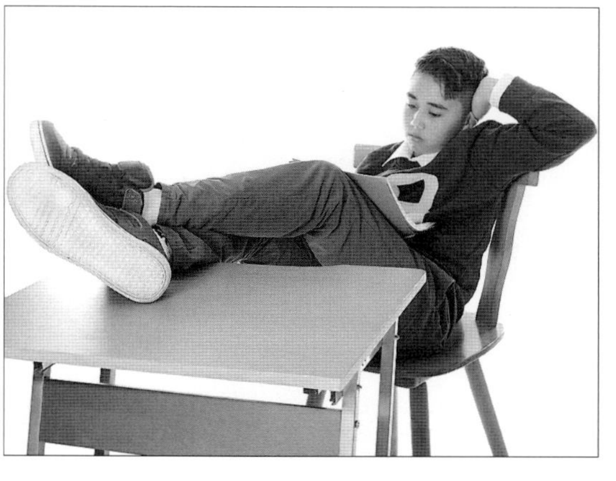

Begründung:

M 3: Die große Freiheit am Mongolischen Meer

Batbyamba Ganhuyag und Narantuya Tsogtoo sind ein modernes Nomadenpaar[1]. Der 33-jährige Mongole und seine gleichaltrige Frau frühstücken in Jeans und T-Shirt auf dem Teppich in ihrer 25 Quadratmeter großen Jurte[2]. Bunte Schüsseln, gefüllt mit Rahm und Gebäck, stehen dort. In der Mitte knistert ein Ofen, dessen Rohr durch die große Deckenöffnung ragt. Eine Kommode und zwei Betten, eins für die Eltern, eins für die Kinder, lehnen an den Rundwänden aus dickem Filz, daneben zwei Hocker für Besucher. „Im Winter wohnen wir in einem Holzhaus im Dorf Khatgal am Südzipfel des Khuvsgul Sees, aber im Sommer schlagen wir unser Jurtenlager direkt am Wasser auf. So sind wir unseren Tieren näher“, erzählt die dreifache Mutter Narantuya.

Die Nomadenfamilie lebt eng mit der Natur. Morgens um sieben treibt Vater Batbyamba seine Pferde in die Steppe zum Grasen. Auf dem Nachhauseweg sammelt er Yakfladen[3] für den Ofen. Gegen die Kälte hilft ein Deel, der traditionelle mongolische Mantel.

„Ich trage ihn so gut wie immer, auch wenn ich Touristen bei Wanderungen oder Ausritten begleite. Meine Frau melkt derweil die Ziegen, macht Aruul, den typischen Hartkäse, oder filzt einen Pullover aus Wolle. Die Kinder helfen dabei“, erklärt Batbyamba, zieht seine Gutul, die handbestickten Lederstiefel, über, schlüpft in den Deel, und steigt über die Jurtenschwelle ins Freie.

Jurten – die traditionelle Zeltbehausung der mongolischen Nomaden

Der Khuvsgul See – das größte Trinkwasserreservoir[4] des Landes

Der Khuvsgul Nationalpark im Norden der Mongolei, kurz vor der russischen Grenze nach Sibirien, ist seit jeher ein beliebter Lagerplatz von Nomaden. Sein 3 000 Quadratkilometer großer See ist fünfmal so groß wie der Bodensee und das größte Trinkwasserreservoir des Landes. Den Einheimischen gilt er deshalb als heilig. Wie ein Meer liegt das tiefe Blau zwischen schlanken Lärchenwäldern und den hügeligen Ausläufern des Sajangebirges. [...]

Die Mongolei, so groß wie Deutschland, Frankreich und Spanien zusammen, ist berühmt für ihre Nomaden und eine endlose Weite. Kein Wunder, bietet sie ihren nur drei Millionen Einwohnern[5] in den 21 Aimags, den Provinzen, so viel Platz wie kein anderes Land auf der Welt. Doch Boden und extremes Klima sind oftmals alles andere als freundlich. Die mehr als 1 000 Flüsse frieren in der kalten Jahreszeit zu, monatelang ist die Eisschicht auf dem Khuvsgul See so dick, dass sie sogar Lastwagen trägt. [...]

Rentiere als Lebensgrundlage

Im Sommer wissen auch die Tsaaten den riesigen See zu schätzen. Die letzten Rentiermenschen der Mongolei siedeln normalerweise 200 Kilometer weiter westlich in den unwirtlichen[6] Bergwäldern. In den Sommermonaten jedoch kommen einige der Familien mit Sack und Pack an den Khuvsgul See. „Wir besitzen 30 Rens, aber nur die Jungen und Kräftigen nehmen wir mit hierher. Die anderen würden die Wärme nicht überstehen“, sagt Familienoberhaupt Sulegmaa. Stolz zeigt der 50-Jährige seine Tiere und die beiden großen Spitzzelte in der Waldlichtung. [...]

Die Tsaaten haben sich im Laufe der Jahre die Rens zur Lebensgrundlage gemacht: Aus dem Fell stellen sie Jacken und Decken her, aus dem Geweih Medizin, die fette Milch hilft ihnen durch das raue Klima. Auch als Transportmittel bei den Umzügen durch die Wälder, oftmals durch Eis und Schnee, sind Rentiere ideal. Wenn mal eines geschlachtet werden muss, weil die Jagd nach Wild erfolglos blieb und es auch sonst nichts zu essen gibt, wird ihre Haut zur Zeltbespannung und zu Stiefeln, die Knochen werden zu Schmuck – ein ungewöhnliches Urlaubsmitbringsel.

Es dürfte kaum verwundern, dass das Rentier bei so viel Bedeutung auch als Schamanentier[7] gilt, das die Tsaaten in die Welt ihrer Ahnen führt. Bei den Mongolen am Khuvsgul See sieht das anders aus. „Unsere Schamanen halten regelmäßig Rituale[8] in den Waldlichtungen ab, und die Einheimischen kommen in Scharen“, sagt Narantuya. In den Baumkronen hängen dann Bänder und Gebetsfahnen, darunter stehen kleine Zelte. Die Schamanen entzünden ein offenes Feuer, wärmen die Trommeln aus Ziegenhaut am heißen Qualm und schleudern mit Wacholderzweigen Milch aus einer Schale in alle Richtungen, um die Geister gnädig zu stimmen.

Mongole beim Naadam-Fest

Ein großes Fest für Dschingis Khan[9]

Schon oft hat Narantuya interessierte Urlauber zu einer Sitzung gebracht. Zuschauen ist möglich, wenn mehrere Schamanen gleichzeitig, die Gesichter hinter Zeremonialmasken[10] aus bunten Stofffetzen verborgen, auf ihre Trommeln einschlagen, vor sich hin murmeln und schließlich Oberkörper und Kopf derart im Kreis schleudern, dass sie in Trance[11] fallen. „Für die meisten meiner Landsleute ist der Schamanismus die Religion. Batbyamba und ich halten uns lieber an weltliche Dinge, zum Beispiel an das Naadam Fest“, sagt Narantuya und nickt.

Naadam feiern die Mongolen jedes Jahr im Juli. Mit Pferderennen, Bogenschießen und Ringen wird Dschingis Khans gedacht und der Entstehung des mongolischen Staates. Auf den platten Wiesen am Khuvsgul See, zwischen dem Ufer und der schmalen Seepiste, versammeln sich dann sämtliche Bewohner der Region, tragen ihre schönsten Trachten, die Frauen legen kostbare Ohrringe an, die Männer schwere Metallschärpen. Es wird geredet, gelacht, angefeuert und applaudiert.

Dampfende Mehlsuppe mit Nudeln

Die eigentlichen Stars aber sind die Jungen und Mädchen, die schreiend und peitschend von den Lärchenwäldern bis zum Ufer um die Wette galoppieren, auf Pferden, deren kurz geschnittene Mähnen zu Berge stehen, wie die traditioneller Wildpferde. Im vergangenen Jahr haben Narantuya und ihr Mann erstmalig den ältesten Sohn teilnehmen lassen. „Doch gewonnen hat er nicht“, sagt Batbyamba, lacht, zieht seine Stiefel aus und setzt sich zu den Kindern.

Es ist Abend geworden. Auf dem Jurtenteppich dampft Mehlsuppe mit selbst gemachten Nudeln. Batbyamba wird gleich noch die Yaks an einen anderen Grasplatz treiben und mit dem Motorrad Wasser aus dem Wüstenbrunnen holen. Die Kinder werden die Pferde anbinden, Narantuya die Kiste mit den Aruul-Stücken zum Trocknen auf das Jurtendach stellen. Nur die Pferdekopfgeige[12] wartet noch auf ihren Einsatz – ein letztes Highlight an einem ganz normalen Tag einer modernen Nomadenfamilie.

Quelle: Martina Katz: Moderne Nomaden – Die große Freiheit am Mongolischen Meer. In: Der Westen, 17. 5. 2016; www.derwesten.de/reise/moderne-nomaden-die-grosse-freiheit-am-mongolischen-meer-id11825223.html (aus didaktischen Gründen gekürzt und leicht verändert)

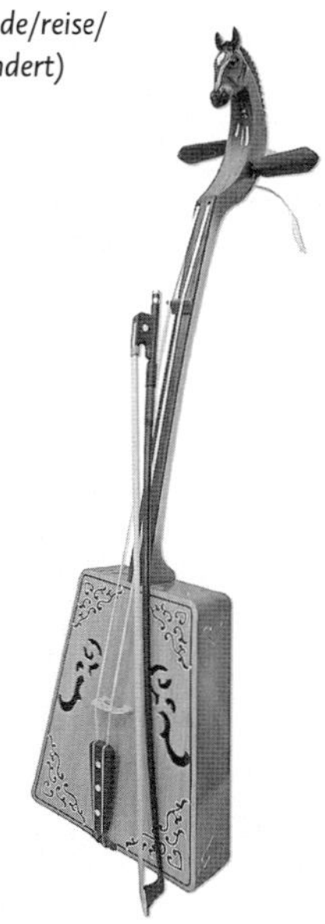

1 *Nomaden:* Menschen, die keine sesshafte Lebensweise pflegen
2 *Jurte:* Zelt der Nomaden in West- und Zentralasien, u. a. in der Mongolei
3 *Yak:* eine in Zentralasien verbreitete Rinderart
4 *Trinkwasserreservoir:* Vorrat an Trinkwasser
5 Zum Vergleich: Deutschland hat rund 83 Millionen Einwohner.
6 *unwirtlich:* ungastlich. An einem unwirtlichen Ort ist das Leben hart und unangenehm.
7 *Schamane:* ein Mensch, dessen Aufgabe darin besteht, mithilfe von magischen Fähigkeiten Kontakt zur Geisterwelt herzustellen, z. B. in der Rolle als Priester oder Heiler
8 *Ritual:* eine nach festen Regeln durchgeführte Handlung
9 *Dschingis Khan:* ein mongolischer Eroberer, der die Stämme der Mongolen im 12. Jahrhundert vereint hat
10 *Zeremonialmaske:* eine Maske, die bei einer bestimmten Zeremonie getragen wird
11 *Trance:* veränderter Bewusstseinszustand
12 *Pferdekopfgeige:* eine nur mit zwei Saiten versehene Laute (= Zupfinstrument), deren oberes Ende ein hölzerner Pferdekopf ziert. Sie ist das wichtigste Musikinstrument der Mongolen.

Aufgaben zum Leseverstehen von M 3

Lies den Text „Die große Freiheit am Mongolischen Meer“. Bearbeite dann die Aufgaben.

1 Nenne das Adjektiv, das die Verfasserin gleich am Anfang des Textes verwendet, um das Nomadenpaar zu beschreiben.

____

2 Was unterscheidet dieses Paar von traditionellen Nomaden? Kreuze an.

- ☐ Sie leben in den Sommermonaten in einer Jurte.
- ☐ Sie verwenden zum Heizen einen Ofen.
- ☐ Sie wohnen im Winter in einem Holzhaus.
- ☐ Sie suchen die Nähe ihrer Tiere.

Tipp

Überlege, welche dieser Verhaltensweisen *nicht* typisch für Nomaden ist. Beachte die Informationen im Text ebenso wie die in den Fußnoten. ■

3 Nenne drei Möbelstücke, die die Nomadenfamilie in ihrer Jurte hat.

____________________ ____________________ ____________________

4 Erkläre die Bedeutung der folgenden Wörter:

Aruul (Z. 23): ______________________________

Gutul (Z. 26): ______________________________

Deel (Z. 27): ______________________________

5 Welches Brennmaterial benutzen sie für ihren Ofen? Kreuze die richtige Aussage an.

Als Brennmaterial benutzen sie …

- ☐ Holz.
- ☐ Tierkot.
- ☐ Filzstücke.
- ☐ Kohle.

6 *„Die Nomadenfamilie lebt eng mit der Natur.“* (Z. 16) Worin zeigt sich dies? Nenne zwei Beispiele.

- ______________________________
- ______________________________

7 Inwiefern hat Batbyamba manchmal mit Touristen zu tun? Kreuze die passende Aussage an.

- ☐ Er unternimmt mit ihnen Wanderungen und Ausritte.
- ☐ Er informiert sie über die Geschichte der Mongolei.
- ☐ Er vermittelt ihnen für die Dauer ihres Aufenthalts Unterkünfte.
- ☐ Er besorgt ihnen für ihre Ausflüge warme Kleidungsstücke.

8 Welche Tiere spielen im Leben der Mongolen eine Rolle und welche nicht? Kreuze entsprechend an.

		trifft zu	trifft nicht zu
a	Hühner	☐	☐
b	Ziegen	☐	☐
c	Kühe	☐	☐
d	Schweine	☐	☐
e	Pferde	☐	☐
f	Rentiere	☐	☐

9 Die Verfasserin stellt zweimal einen Vergleich an, um dem Leser eine Vorstellung von der Weite der Mongolei zu ermöglichen. Vervollständige die Vergleiche.

Die Mongolei ist so groß wie ______________________________.

Der Khuvsgul See ist fünfmal so groß wie ______________________________.

10 Der Text informiert auch mittels einiger Daten über die Mongolei. Ordne die Zahlen und Größenangaben richtig zu. Trage jeweils den passenden Buchstaben ein.

Tipp
Versuche, dir ein Bild von den Größenverhältnissen zu machen, z. B. durch einen Vergleich mit Deutschland. ■

Buchstabe	In der Mongolei
	Einwohner
	Flüsse
	Provinzen
	Khuvsgul See

A insgesamt 21
B mehr als 1 000
C 3 000 Quadratkilometer
D 3 Millionen

11 Warum ist der Khuvsgul See den Mongolen heilig? Kreuze die passende Aussage an.

☐ Er ist fünfmal so groß wie der Bodensee.
☐ Er ist von tiefblauer Farbe.
☐ Er friert im Winter monatelang zu.
☐ Er bietet den größten Wasservorrat des Landes.

Tipp
Alle Aussagen über den See sind richtig, aber nur eine davon passt zur Frage. ■

12 Im Text heißt es, das Klima in der Mongolei sei *„alles andere als freundlich"* (Z. 46). Woran kann man das erkennen? Führe einen Beleg für diese Aussage an.

____

____

13 Warum bringen die Tsaaten im Sommer nur junge und kräftige Rentiere mit zum Khuvsgul See? Kreuze die passende Aussage an.

Alte und schwache Rentiere …

- ☐ würden den langen Weg nicht zurücklegen können.
- ☐ sollen die Vegetation in den Bergwäldern kurz halten.
- ☐ würden die warmen Temperaturen nicht überstehen.
- ☐ sind an das Leben in ihrer Heimatregion gewöhnt.

14 Die Tsaaten nutzen ihre Rentiere für viele Dinge.

a Gib jeweils an, wofür die verschiedenen Teile dieser Tiere Verwendung finden.

das Fell: ______________________

die Haut: ______________________

das Geweih: ______________________

die Knochen: ______________________

b Wofür dienen die Rentiere den Tsaaten außerdem? Nenne zwei weitere Funktionen.

- ______________________
- ______________________

15 Welches Ziel verfolgen die Schamanen in der Mongolei mit ihren Ritualen? Antworte in einem Satz.

____

____

16 Was unterscheidet den Schamanismus vom Naadam-Fest? Ergänze die Sätze sinnvoll.

Der Schamanismus ist für die Mongolen ______________________.

Das Naadam-Fest ist ______________________.

17 Wie endet ein normaler Tag bei der mongolischen Nomadenfamilie? Wer macht was? Ordne zu, indem du den jeweils passenden Buchstaben einträgst.
Hinweis: Einen Buchstaben musst du doppelt eintragen.

Buchstabe	Handlung
	die Yaks auf einen anderen Weideplatz treiben
	mit der Pferdekopfgeige Musik machen
	die Pferde anbinden
	Wasser aus dem Wüstenbrunnen holen
	Käse zum Trocknen auf das Jurtendach legen

A die Mutter
B der Vater
C die Kinder
D alle

M 4: Nazis für fünf Tage

Ron Jones stand ratlos da. Es war April 1967 und der Lehrer gab Geschichtsunterricht an der „Cubberley High School" im kalifornischen Palo Alto; Thema „Drittes Reich". Ein Schüler hatte ihm eine Frage gestellt und er wusste einfach keine Antwort: „Wie konnten die Deutschen behaupten, nichts von der Judenvernichtung gewusst zu haben? Wie konnten Dorfbewohner, Bahnangestellte, Lehrer, Ärzte behaupten, sie hätten nichts von dem Grauen in den Konzentrationslagern gewusst?"

Mitglieder der nationalsozialistischen Jugendorganisation heben dem „Führer" die Arme zum Hitlergruß entgegen (Erfurt, 1933).

Auch als die Stunde schon lange vorbei war, ließ den Lehrer diese Frage nicht los. Er beschloss ein außergewöhnliches Experiment zu wagen. Er wollte Nazi-Deutschland nachbauen, im Kleinen, im Klassenzimmer. Er wollte seine Schüler Faschismus erleben lassen, hautnah: den Horror, aber auch die Faszination. Am Montag stand er in der Klasse, anstatt normalen Unterricht zu machen, kommandierte er seine Klasse.

„Mr. Jones war für seine radikalen[1] Lehrmethoden berüchtigt", sagt Phillip Neel, einer der damaligen Schüler. „Er hatte uns einmal in Zweiergruppen aufgeteilt. Einer von beiden musste tagelang mit verbundenen Augen rumlaufen. So wollte er uns lehren, was Vertrauen bedeutet." […]

Schüler durch Drill[2] so gut wie noch nie

Doch Jones war nicht nur für seine radikalen Lehrmethoden, sondern auch als echter Kumpeltyp bekannt – er lebte in einem Baumhaus und spielte Punk-Musik. An einem Montag aber befahl er den Schülern, sich zur besseren Konzentration richtig zu setzen; aufrecht, stramm – die Füße flach auf dem Boden, die Hände flach im Hohlkreuz. Dann kam der Geschwindigkeitsdrill: Aufstehen, Setzen, zack-zack. Immer und immer wieder. Am Ende standen die Schüler vor dem Klassenzimmer, Jones gab Startzeichen, sie liefen zu ihren Stühlen und setzten sich. Jones stoppte die Zeit: Fünf geräuschlose Sekunden. Und das nach wenigen Minuten Training.

Jones ging noch weiter. Er gab Anweisung, einen Text zu lesen. Anschließend Diskussion, aber nach strikten Regeln: Wer sich meldete, musste aufstehen, sich neben den Tisch stellen und „Mr. Jones" sagen. Erst dann durfte er zum Eigentlichen kommen. Hier war wichtig: Sich präzise und knapp fassen, deutlich sprechen! Wer gelangweilt oder schlampig antwortete, wiederholte seinen Beitrag, noch mal, immer wieder.

Jones blieb stur und staunte. Rebellen wurden zu Vorbildern, ihre Sätze waren klar, markant und mit Schneid[3] vorgetragen. Es meldeten sich nicht mehr nur die üblichen zu Wort, sondern alle – das Niveau der Fragen und Antworten wuchs erstaunlich, man passte auf und hörte einander zu. Jones hatte gedacht, die Schüler fänden autoritäres Lernen lächerlich, würden sich verweigern, bocken – aber das Gegenteil war der Fall. Es war einfach gewesen, ihnen Disziplin und Drill abzuverlangen, unheimlich einfach. […]

„Ein Lehrer, dem wir vertrauten"

Am Dienstag betrat er das Klassenzimmer und ihn empfing eine regungslose Stille. Alle saßen aufrecht an ihren Pulten. Dabei hatte niemand von ihnen verlangt, das zu tun. Ihre Gesichter waren gespannt, konzentriert, keiner grinste. Sie warteten auf ihn, Ron Jones, ihren Lehrer. Er schrieb an die Tafel: „Stärke durch Disziplin" – „Stärke durch Gemeinschaft", dann sprach er zu ihnen. Die Schüler hingen an seinen Lippen, sie sahen zu ihm auf. Zum Ende der Stunde machte er eine kurze, zackige Bewegung mit der Hand: Sie schoss vor, beschrieb eine steile Kurve nach oben und fiel wieder ab. Eine Welle. Jones stellte sie als neuen Gruß der Klasse vor, in der Schule und auf der Straße sollte sie zeigen, dass man Teil einer Bewegung war.

Jones nannte den Gruß „The Third Wave" – Die dritte Welle. Wellen kommen in Dreiergruppen, die letzte, die dritte aber ist die kräftigste, wenn sie auf den Strand trifft. Niemandem fiel die begriffliche Nähe zum „Dritten Reich" auf. […]

Im Film „Die Welle" (2008) begrüßen die Schüler ihren Lehrer (Schauspieler Jürgen Vogel, von hinten) mit der Wellen-Handbewegung.

Jeder verpetzt jeden – zum Wohle der Gemeinschaft

In den nächsten Tagen ging Jones besonders aufmerksam durch die Schule. In der Cafeteria, in der Bücherei, in der Turnhalle nutzten Schüler den „Welle"-Gruß, wenn sie sich trafen. Das Experiment dehnte sich über das Klassenzimmer aus.

Am Mittwoch verteilte Jones Mitgliederkarten, auf dreien war ein rotes X. Es war ein Sonderauftrag: alle die zu melden, die sich nicht an die Regeln der Welle hielten. Dann predigte Jones wieder: diesmal Taten, Einsatz für die Gemeinschaft bis hin zur Selbstaufgabe. Seine eigenen Worte ergriffen ihn, er schwankte in seiner Doppelrolle zwischen Führer und Lehrer, er war stolz auf die Leistungen seiner hoch motivierten Schüler, auf ihren Zusammenhalt. Er war stolz auf sich selbst.

Und dann waren da die Denunziationen. Drei Schüler hatte er beauftragt, Kritiker und Abweichler zu melden. Über zwanzig kamen. Sie berichteten alles, verrieten ihre besten Freunde, die über die Welle spöttelten, und ihre Eltern, die sich skeptisch zur Welle äußerten. Alles zum Wohle der Gemeinschaft. Die Bewegung war binnen dreier Tage zu ihrem Leben geworden.

„Da wurde mir klar, dass es außer Kontrolle geriet"

„Ich machte damals zwar mit, war aber eher ein Beobachter der Ereignisse", sagt Neel heute. Es hätte Schüler gegeben, die ganz und gar in der Bewegung aufgegangen seien, aber auch solche, die sich radikal dagegen entschieden. „Ich selbst habe erst Angst bekommen, als ich in der Pause gegenüber meinem besten Freund einen Witz über die ‚Third Wave' machte und am nächsten Tag von Mr. Jones vor allen Schülern darauf angesprochen wurde." Neel wusste: Nur sein bester Freund konnte ihn verraten haben. „Doch der schaute nur stur geradeaus. Da wurde mir klar, dass es außer Kontrolle geriet."

Auch Jones bekam Angst, als so viele Schüler bereit waren, ihre Freunde für „die Sache" zu denunzieren. Er musste einen Weg finden, das Experiment zu beenden. Aber wie?

Am Donnerstag. Die Klasse war von 30 auf 80 angewachsen – die Neuen schwänzten ihren regulären Unterricht. Jones verkündete, dass „The Third Wave" Teil einer nationalen Jugendbewegung sei [...]. Am Freitag werde ein Präsidentschaftskandidat um zwölf Uhr ihre offizielle Gründung bekannt geben. In der Schule solle eine Kundgebung stattfinden. [...] Die Schüler waren begeistert. [...]

„Wir hätten gute Nazideutsche abgegeben"

Freitagmittag in der Schulaula. Über zweihundert Schüler saßen da, stramm, aufrecht, die Decke verhüllt von breiten „The Third Wave"-Bannern. Jones grüßte zackig, 200 Arme hoben sich ihm entgegen, machten den „Welle"-Gruß. Das Experiment hatte fünf Tage gedauert. Doch schon das war zu lange.

„Natürlich", so Neel, „war ich auch bei der Veranstaltung. Es ist schwer, von außen zu begreifen, was für ein Gruppenzwang sich in den wenigen Tagen aufgebaut hatte."

In der Aula schaltete Ron Jones einen Fernseher ein. [...] Die Schüler warteten. Der Bildschirm blieb hell, konturlos. Die Schüler aber warteten, sie waren geübt in Disziplin und Gehorsam. Doch nach einigen Minuten kam sie doch, die unvermeidliche Frage: „Es gibt gar keinen Führer, oder?" Entsetzen im Saal. Jones begann zu reden, nicht mehr scharf, laut, sondern weich, schuldbewusst: „Ihr habt recht. Aber wir hätten sicher alle gute Nazideutsche abgegeben."

Niemand wollte über das Experiment sprechen

Der Lehrer zeigte seinen Schülern einen Film über das Dritte Reich: die große Bewegung auf Reichsparteitagen, Gemeinschaft, Disziplin, Gehorsam – und dann die großen Taten für die Gemeinschaft: Terror, Gewalt, Gaskammern. Ron Jones sah in die fassungslosen Gesichter. Der Kreis schloss sich, die Frage war beantwortet. [...] „Wie den Deutschen wird es euch schwer fallen zuzugeben, dass ihr so weit gegangen seid. Ihr werdet nicht zugeben wollen, manipuliert worden zu sein. Ihr werdet nicht zugeben, bei diesem Irrsinn mitgemacht zu haben."

Er behielt recht damit. Am nächsten Schultag herrschte eine bedrückte Stimmung. Niemand wollte mehr über das Experiment sprechen. [...]

Quelle: Christian Hambrecht: Nazis für fünf Tage, 11. 3. 2008; www.spiegel.de/einestages/schul-experiment-die-welle-a-946745.html

1 *radikal:* gemeint: von der Norm abweichend, anders als die anderen Lehrer
2 *Drill:* hartes Training
3 *mit Schneid:* auf eine mutige, klare und draufgängerische Art

Aufgaben zum Leseverstehen von M 4

Lies den Text „Nazis für fünf Tage“ und bearbeite dann die Aufgaben.

1 Nenne das Thema, das der Lehrer Ron Jones im April 1967 im Geschichtsunterricht mit seiner Klasse durchnahm.

____

2 Welche Frage konnte der Lehrer den Schülern nicht beantworten? Kreuze die passende Aussage an.

Tipp
Achte bei den einzelnen Aussagen auf die genauen Formulierungen. ■

Er konnte ihnen nicht erklären, ...

- [ ] was genau während der Nazi-Zeit in Deutschland passiert war.
- [ ] weshalb die Deutschen die Partei Hitlers gewählt hatten.
- [ ] wieso die Deutschen nichts von den Gräueln der Nazi-Zeit mitbekamen.
- [ ] wieso die Deutschen behaupteten, nichts von den Gräueln gewusst zu haben.

3 Welche Gegensätze würden die Schüler bei dem Experiment zu spüren bekommen? Kreuze das passende Gegensatzpaar an.

- [ ] Horror und Faszination
- [ ] Freude und Trauer
- [ ] Lust und Leid
- [ ] Bequemlichkeit und Disziplin

4 Was lässt sich über Phillip Neel sagen? Schreibe vollständige Sätze.

Tipp
Informationen über Phillip Neel findest du an mehreren Stellen im Text. ■

____

____

____

____

5 „*‚Mr. Jones war für seine radikalen Lehrmethoden berüchtigt‘, sagt Phillip Neel [...].*“ (Z. 18 f.)
Was lässt sich aus dieser Äußerung Phillip Neels ableiten und was nicht?
Kreuze entsprechend an.

		trifft zu	trifft nicht zu
a	Die Unterrichtsmethoden waren bei Mr. Jones anders als bei anderen Lehrern.	☐	☐
b	Mr. Jones war bei den Schülern für seine strengen Methoden gefürchtet.	☐	☐
c	Mr. Jones wollte den Unterricht von Grund auf ändern.	☐	☐
d	Mr. Jones war ein kreativer Lehrer, der ständig neue Ideen hatte.	☐	☐
e	Mr. Jones war ein äußerst unbeliebter Lehrer.	☐	☐
f	Mr. Jones wurde für seine ungewöhnlichen Lehrmethoden kritisiert.	☐	☐

6 Was lässt sich außerdem über den Ruf von Ron Jones sagen?
Notiere das Nomen, das genannt wird, um seine Persönlichkeit zu beschreiben.

____

7 *„An einem Montag aber befahl er den Schülern, sich zur besseren Konzentration richtig zu setzen [. . .].“* (Z. 26–28)
Was wird mit diesem Satz zum Ausdruck gebracht? Kreuze an, welche Aussagen zutreffen und welche nicht.

		trifft zu	trifft nicht zu
a	Normalerweise waren die Schüler unkonzentriert.	☐	☐
b	Der Lehrer sprach seine Schüler sonst nicht im Befehlston an.	☐	☐
c	Seine Ankündigung war für die Schüler keine Überraschung.	☐	☐
d	Der Lehrer weckte eine besondere Erwartungshaltung.	☐	☐
e	Diesmal ging Ron Jones zu weit.	☐	☐

Tipp

Mit dem Wort „aber“ wird ein **Gegensatz** zum Ausdruck gebracht. In der Regel musst du den vorangehenden Satz in den Blick nehmen, um zu verstehen, worin dieser Gegensatz besteht. ■

8 Welche Forderung richtete der Lehrer **nicht** an seine Schüler?
Kreuze sie an.

☐ Sie sollten im Unterricht aufrecht sitzen.
☐ Sie sollten ihre Aussagen im Unterricht gut begründen können.
☐ Beiträge im Unterricht sollten präzise und knapp formuliert sein.
☐ Zu Unterrichtsbeginn sollten sie sich schnell auf ihre Plätze begeben.

9 Markiere: Was hatte der Lehrer von seinen Schülern erwartet (+) und was nicht (–)?

+ / –	Die Schüler ...
	nehmen ihn ernst.
	finden sein Vorhaben lächerlich.
	äußern Protest.
	passen im Unterricht gut auf.

+ / –	Die Schüler ...
	verhalten sich diszipliniert.
	arbeiten im Unterricht rege mit.
	fangen an zu grinsen.
	denunzieren ihre Freunde.

10 Der Lehrer stellte sein Experiment unter das Motto „Die dritte Welle“. Wie begründete er die Wahl dieses Mottos? Beantworte diese Frage in ganzen Sätzen.

____

____

____

11 *„Niemandem fiel die begriffliche Nähe zum ‚Dritten Reich' auf."* (Z. 70 f.)
Was bringt der Verfasser mit diesen Worten zum Ausdruck – und was lässt sich nicht daraus ableiten? Kreuze entsprechend an.

		trifft zu	trifft nicht zu
a	Der Name der Bewegung erinnert an das Dritte Reich.	☐	☐
b	Die Schüler kannten den Begriff „Drittes Reich" nicht.	☐	☐
c	Die begriffliche Nähe hätte einigen Schülern auffallen müssen.	☐	☐
d	Kein einziger Schüler bemerkte die begriffliche Nähe.	☐	☐
e	Die Schüler interessierten sich nicht für das Dritte Reich.	☐	☐
f	Die meisten Schüler dachten nur an ihren Spaß.	☐	☐

12 Was sollten die Schüler mit der Wellenbewegung zeigen?
Kreuze die passende Aussage an.

Tipp
Bedenke, welcher Auftrag mit der Karte verbunden war. ■

Sie sollten damit …

☐ ihre körperliche Fitness unter Beweis stellen.
☐ ihre Mitgliedschaft in einer Bewegung anzeigen.
☐ gegenüber anderen ihre Verachtung zum Ausdruck bringen.
☐ ihren Spaß zu erkennen geben.

13 Es heißt, drei Schüler hätten eine mit X gekennzeichnete Mitgliedskarte bekommen (vgl. Z. 78 f.). Andererseits heißt es: *„Über zwanzig kamen."* (Z. 89) Erkläre, was das zeigt.

____

____

14 Welches Erlebnis führte dazu, dass Phillip Neel Angst bekam?
Beantworte diese Frage mit einem vollständigen Satz.

____

____

15 Ordne die folgenden Verhaltensweisen dem Lehrer oder den Schülern passend zu. Trage ein **L** (Lehrer) oder ein **S** (Schüler) ein. Bei Aussagen, die zu beiden passen, notierst du beide Buchstaben.

S/L	Verhaltensweise
	mit energischer Stimme sprechen
	begeistert sein
	erstaunt sein
	Zweifel an der eigenen Rolle bekommen

S/L	Verhaltensweise
	die Bewegung als „Irrsinn" bezeichnen
	andere denunzieren
	Disziplin aufbringen
	die Kontrolle über das Experiment verlieren

16 Wie ging das Experiment zu Ende? Bringe die folgenden Aussagen in die richtige Reihenfolge. Nummeriere sie entsprechend.

Tipp

Da es hier um den Abschluss des Experiments geht, findest du die entscheidenden Informationen gebündelt am Ende des Textes. ■

Nummer	Ereignisse
	Der Lehrer schaltete den Fernseher ein.
	Die Schüler warteten geduldig.
	Ron Jones begrüßte seine Schüler mit dem „Welle"-Gruß.
	Jones sagte, die „Welle" sei Teil einer nationalen Jugendbewegung.
	Die Schüler begriffen, dass es keine nationale Jugendbewegung gab.
	Die Schüler gingen in die Aula und setzten sich auf ihre Plätze.
	Es hieß, zur Gründung solle eine Kundgebung stattfinden.
	Die Schüler waren entsetzt.
	Die Schüler waren begeistert.
	Die Schüler wurden ungeduldig, Zweifel kamen auf.
	Das Experiment war beendet.
	Der Bildschirm blieb leer.

17 Erkläre, warum am nächsten Tag eine *„bedrückte Stimmung"* (Z. 149) herrschte.

18 Mit einem Satz im Text war der Schüler Dennis nicht einverstanden.
Er sagte: *„Da steht, dass die Frage am Ende beantwortet war. Aber ich finde, das stimmt nicht!"*
Nimm begründet Stellung zu dieser Schülermeinung.

Tipp

Bedenke, warum der Lehrer das Experiment durchgeführt hat. Was war sein Ziel? ■

M 5: Die Mülltaucher

Es ist kurz vor zehn in Berlin Treptow, als ich zu meiner ersten Müllsafari aufbreche. „Samstagnacht ist die beste Zeit zum Containern“, erklärt mein Tourguide[1] Till, der eigentlich anders heißt, und tritt in die Pedale. Am Samstag sortieren Supermärkte die meisten Lebensmittel aus den Regalen – und genau danach suchen wir.

Gut eine halbe Stunde radeln Till und ich durch die kalte Oktobernacht. Schließlich fahren wir hinter einen Plus-Supermarkt und stellen unsere Räder vor der Laderampe ab. Im grellen Scheinwerferlicht der Supermarktbeleuchtung erstrahlen Biotonnen und zwei Müllcontainer: unser erstes Ziel.

Till ist ausgerüstet wie ein Profi. Aber dieses Mal braucht er seine Handschuhe und die Taschenlampe nicht. Die Mülltonnen sind gut ausgeleuchtet und scherbenfrei. Sie sehen aus wie die Tonnen bei mir im Innenhof. Aber der Müll von Supermärkten wird öfter geleert als der von Privathaushalten. Deswegen riecht es hier ganz gut, fast als stünden wir im Laden. Die Spannung steigt, Till klappt den ersten Deckel nach hinten. Unter Schnittblumen liegen gut zehn Becher Buttermilch. Alle sind verschlossen und laut Aufdruck noch mindestens drei Tage haltbar – ein Volltreffer.

Till arbeitet sich durch die Tonne. Unter Salatblättern und Radieschen findet er noch ein paar Bananen und Fruchtquark. Aus dem Sechser-Pack ist ein Becher beschädigt, die anderen fünf sortiert er erst in eine dünne Gemüseplastiktüte und dann in seine dunkelblaue Fahrradtasche. In der nächsten Biotonne finden wir eine offene Tüte Tortillachips. „Wahrscheinlich der Mittagssnack der Angestellten“, sagt Till. Auch sie wandert in die Tasche. Drei Pakete Weintrauben lässt er zurück und legt sie ganz nach oben in die Tonne, „Für den Nächsten, der vorbeikommt“. Containern ist beliebt in Berlin.

Die Motive, sich von Supermarktabfällen zu ernähren, können sehr unterschiedlich sein. Viele Leute haben schlicht und einfach nicht genug Geld, sich Lebensmittel im Laden zu kaufen. Doch Till zählt sich zu der Gruppe der politisch containernden Menschen. Lebensmittel aus den Tonnen zu fischen, ist seine Art, die Konsumgesellschaft zu kritisieren.

[...] Dass täglich so viele genießbare Lebensmittel sinnlos weggeschmissen werden, regt ihn auf. Sobald eine Banane ein paar braune Stellen hat, landet sie im Müll. Alle Milchprodukte im Regal müssen mindestens noch zwei Tage haltbar sein. „Die Kunden verlangen das halt so.“ Wer will schon Buttermilch kaufen, die am nächsten Tag abläuft?

Wir fahren weiter zum nächsten Plus-Markt und finden Diätjoghurtdrinks und Vollmilch. Eigentlich ernährt sich Till vegan: keine Eier, Milch, nichts, was von Tieren stammt. Bei Produkten aus dem Container macht er allerdings eine Ausnahme. Container-vegan[2] nennt er das. Container-Veganer dürfen alles essen, was sie aus dem Mülleimer retten – auch Tierprodukte. Denn wer nichts kauft, steigert auch nicht die Nachfrage nach Milch und Käse. Und die Produkte aus der Tonne würden ja sowieso weggeworfen.

Mülltaucherinnen auf einer Tour in Berlin

Beim dritten Supermarkt trennt uns schließlich ein zwei Meter hoher Gitterzaun von den Mülltonnen. Für Till kein Problem, seine Wanderschuhe zwischen die Metallstreben klemmend, klettert er drüber. Warum zäunen Supermärkte ihre Abfälle eigentlich ein, frage ich mich.

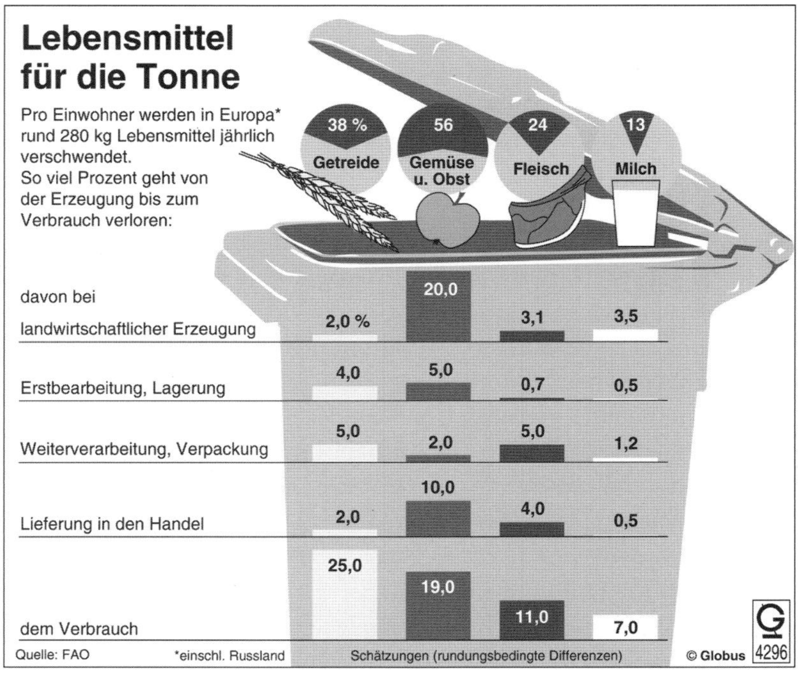

Später erklärt es mir Andreas Krämer, der stellvertretende Pressesprecher der Rewe Group. Produkte, die zwar kurz vorm Ablaufen sind, aber trotzdem problemlos gegessen werden können, gibt Rewe an soziale Einrichtungen weiter. Der Verein Berliner Tafel holt zum Beispiel monatlich 250 Tonnen Lebensmittel von Supermärkten ab und gibt sie an Suppenküchen, Frauenhäuser und Beratungsstellen weiter. In den Container wandern also nur Lebensmittel, die schnell verderben. Dass jemand durch den Verzehr dieser Produkte möglicherweise erkranke, könne der Markt laut Krämer weder moralisch noch juristisch verantworten. Deswegen ist Containern illegal. Alle Produkte, die Till in dieser Nacht aus den Mülleimern fischt, sind Diebesgut. Wenn er über einen Zaun klettert, ist das sogar Hausfriedensbruch.

In dieser Nacht begeht Till bei drei von zehn Supermärkten Hausfriedensbruch. Doch es lohnt sich. Da in Berlin so viele Leute nachts hinter den Supermärkten im Müll wühlen, warten die besten Funde hinter Zäunen. In einem der eingezäunten Container findet er eine Wassermelone, drei Tuben Salatcreme und ein Paket Eier – von sechs Eiern ist nur eins beschädigt.

Die Tour ist mittlerweile von einer Safari zur Schatzsuche geworden. Till hat die Taschenlampe mit einem Riemen an der Stirn befestigt. Damit sieht er aus wie ein Minenarbeiter. Und auch in mir kommt Abenteuerlust hoch. Ich schiebe Wache bei den Zaunaktionen und freue mich über jeden Fund. Ekelig ist unsere Müllsuche nicht. Till hört immer auf zu graben, bevor er zu den kompostartigen unteren Schichten vordringt. Er sortiert nur die frischen Produkte in die mitgebrachten kleinen Tüten in den Fahrradtaschen.

Unser Highlight des Abends finden wir kurz vor Mitternacht, gegen Ende der Tour: Eine Packung Bio-Kartoffelsalat, den kauft Till sich manchmal sogar im Laden. Containern ist für Till nämlich nur ein Standbein der Lebensmittelbeschaffung. Er möchte nicht davon abhängig sein, dass die Supermärkte Ware wegschmeißen. Das ist das größte Dilemma eines politisch containernden Menschen: Was wäre, wenn er eines Tages mit leeren Händen von so einer Tour heimkehrte? Till würde sich freuen: „Das hieße, dass die Gesellschaft eine bessere wäre, weil keine essbaren Lebensmittel mehr weggeschmissen würden." Bisher war das noch nie der Fall.

Und während wir darüber nachdenken, radeln wir zurück zu unserem Treffpunkt, dem McDonalds in Treptow. Jetzt mit zwei prall gefüllten Fahrradtaschen und einem vollen Wanderrucksack. Auch in meinen Taschen liegt ein kleiner Schatz: Brot, Obst und Buttermilch. Das hat mir Till geschenkt. „Für dein Frühstück".

Quelle: Julia Reinecke: Die Mülltaucher, ZEIT online, 18.10.2007; www.zeit.de/zuender/2007/43/containern

1 *Tourguide:* Tourenführer; jemand, der einem anderen bei einer Tour den Weg zeigt

2 *vegan:* Jemand, der sich vegan ernährt, verzichtet nicht nur darauf, Fleisch zu essen (wie ein Vegetarier), sondern er isst überhaupt keine Produkte, die von einem Tier stammen (z. B. auch keinen Käse und keine Milch).

Aufgaben zum Leseverstehen von M 5

Lies den Text „Die Mülltaucher" und sieh dir das Diagramm gut an. Bearbeite dann die Aufgaben.

Tipp

Zerlege das Wort „Mülltaucher" im Geiste in seine Bestandteile und überlege dir dann die genaue Bedeutung. Frage dich, ob diese Bedeutung zu den einzelnen Aussagen passt oder nicht. ■

1 Warum ist die Bezeichnung „Mülltaucher" eigentlich nicht ganz passend? Kreuze an, welche der folgenden Aussagen sich als Antwort auf die Frage eignen und welche nicht.

		trifft zu	trifft nicht zu
a	Es gibt keinen flüssigen Müll.	☐	☐
b	Mülltaucher suchen nur im oberen Bereich der Container nach Lebensmitteln.	☐	☐
c	Für Mülltaucher sind weggeworfene Lebensmittel kein Müll.	☐	☐
d	Mülltaucher tauchen nicht in den Müll ein.	☐	☐
e	Mülltaucher arbeiten ohne jede Ausrüstung.	☐	☐

2 Für das Suchen nach Lebensmitteln in den Mülltonnen von Supermärkten wurde ein neues Verb erfunden. Wie heißt es?

____

3 Was lässt sich über den Verfasser des Textes sagen und was nicht? Kreuze entsprechend an.

		trifft zu	trifft nicht zu
a	Er ist selbst kein Mülltaucher.	☐	☐
b	Er begleitet einen Mülltaucher bei der Suche nach Lebensmitteln.	☐	☐
c	Er hilft Till bei der Suche nach Lebensmitteln.	☐	☐
d	Er interviewt später den Pressesprecher einer Supermarktkette.	☐	☐
e	Er findet die Suche nach Lebensmitteln in Mülltonnen eklig.	☐	☐
f	Er will nichts mitnehmen, was aus einer Mülltonne stammt.	☐	☐
g	Er will miterleben, wie Mülltaucher bei der Suche nach Lebensmitteln vorgehen.	☐	☐

4 Warum nennt der Verfasser seinen „Tourguide" nicht beim richtigen Namen? Kreuze die passende Aussage an.

☐ Er kennt den richtigen Namen nicht.
☐ Er will seinen „Tourguide" schützen.
☐ Er hält den richtigen Namen für unwichtig.
☐ Er hat den richtigen Namen vergessen.

5 Der Verfasser sagt, Till sei *„ausgerüstet wie ein Profi"* (Z. 14). Wozu braucht er die einzelnen Ausrüstungsgegenstände? Ordne zu.

Hinweis: Manche Ausrüstungsgegenstände lassen sich mehr als einer Aussage zuordnen.

A dünne Plastiktüten
B ein Befestigungsriemen
C Handschuhe
D eine Taschenlampe
E ein Fahrrad
F ein Wanderrucksack
G Wanderschuhe
H zwei Fahrradtaschen

Tipp
Orientiere dich an den Aktivitäten, die der Mülltaucher bewältigen muss. Auch die Beleuchtungsverhältnisse spielen eine Rolle. ■

Buchstabe(n)	Dafür braucht er das
	Er findet viele Lebensmittel, die noch genießbar sind.
	Er muss die gefundenen Lebensmittel nach Hause transportieren können.
	Er muss manchmal über Zäune klettern.
	Er sucht nachts nach Lebensmitteln im Müll.
	Er sortiert die gefundenen Lebensmittel da hinein.
	Er will die Hände frei haben.
	Er will sich nicht an Glasscherben verletzen.
	Manchmal braucht er Licht.
	Zwischen den Supermärkten muss er einige Wege zurücklegen.

6 Warum verströmen die Mülltonnen von Supermärkten keinen unangenehmen Geruch? Kreuze an.

- ☐ Die weggeworfenen Lebensmittel sind alle verpackt.
- ☐ Es werden nur Blumen und Gemüse hineingeworfen.
- ☐ Die Mülltonnen werden oft geleert.
- ☐ Die Mülltonnen sind leer.

7 Erkläre, warum der Fund der Buttermilch als *„Volltreffer"* (vgl. Z. 25) angesehen wird.

Tipp
Es gibt drei Gründe, die im Text genannt werden. ■

8 Warum lässt Till drei Pakete Weintrauben zurück? Nenne den Grund, den er anführt.

9 Welche Motive können Menschen dem Text zufolge dazu bringen, in Mülltonnen nach Lebensmitteln zu suchen? Kreuze an, welche Aussagen zutreffen und welche nicht.

		trifft zu	trifft nicht zu
a	Sie brauchen etwas zu essen, und die Läden sind schon zu.	☐	☐
b	Sie finden es gut, auf diese Weise Geld zu sparen.	☐	☐
c	Sie wollen Kritik an der Konsumgesellschaft üben.	☐	☐
d	Sie haben nicht genug Geld, um sich Lebensmittel zu kaufen.	☐	☐
e	Sie wollen den Supermarktbetreibern eine Lehre erteilen.	☐	☐
f	Sie wollen auf das Problem der weggeworfenen Lebensmittel aufmerksam machen.	☐	☐

10 *„Die Kunden verlangen das halt so."* (Z. 50 f.)
Wer könnte diese Worte zu seiner Rechtfertigung sagen? Kreuze an.

- ☐ ein Mülltaucher
- ☐ manche Supermarktleiter
- ☐ viele Kunden
- ☐ die Verfasserin

11 Erkläre, was ein *„Container-Veganer"* (Z. 58) ist.

____

____

____

12 Welche Straftaten kann man beim „Mülltauchen" begehen? Nenne zwei.

____________________ ____________________

13 Beschreibe das **Dilemma** eines „Mülltauchers", der aus politischen Gründen in Containern nach Lebensmitteln sucht.
Trage passende Wörter in die Lücken ein.

Tipp
Ein Dilemma liegt immer dann vor, wenn man nur die Auswahl zwischen zwei Dingen hat, die beide negativ zu bewerten sind. ■

Jemand, der aus politischen Gründen im Müll nach Lebensmitteln sucht, kritisiert, dass ______________________________

______________________. Aber wenn ______________________

______________________, könnte er in den Mülltonnen keine Lebensmittel mehr finden.

14 Weise nach, dass der Verfasser mit den „Mülltauchern“ sympathisiert. Beziehe dich auf Textstellen.

15 Finde die richtige Rangfolge für die Anteile von weggeworfenen Lebensmitteln. Nummeriere sie: Wähle Rangplatz Nummer 1 für das Lebensmittel, von dem am meisten weggeworfen wird.

Nummer	Lebensmittel
	Fleisch
	Gemüse/Obst
	Getreide
	Milch

16 Wo ist der Anteil weggeworfener Lebensmitteln am größten? Kreuze an.
Hinweis: In einer Zeile musst du zwei Kreuze machen.

Weggeworfen wird am meisten …	Getreide	Obst/Gemüse	Fleisch	Milch
a bei der landwirtschaftlichen Erzeugung	☐	☐	☐	☐
b bei der Erstbearbeitung/Lagerung	☐	☐	☐	☐
c bei der Weiterverarbeitung/Verpackung	☐	☐	☐	☐
d bei der Lieferung in den Handel	☐	☐	☐	☐
e bei den Verbrauchern	☐	☐	☐	☐

17 Der Kommentar des Pressesprechers von Rewe (vgl. Z. 83–88) hat viele Schüler verunsichert. Paula äußerte sich so: *„Der Pressesprecher behauptet, das Einzäunen der Mülltonnen geschehe zum Schutz der ‚Mülltaucher‘. Das glaube ich nicht!“*
Nimm begründet Stellung zu dieser Schüleräußerung. Beziehe dich auf Textstellen.

M 6: Melinda Nadj Abonji: Tauben fliegen auf

Im Roman „Tauben fliegen auf" erzählt die jugendliche Ich-Erzählerin von ihrem Leben zwischen zwei Kulturen. Sie stammt aus der Vojvodina[1] und ist ihren Eltern, die in die Schweiz ausgewandert sind, im Alter von fünf Jahren mit ihrer Schwester Nomi nachgefolgt. Im folgenden Auszug beschreibt sie die Erlebnisse rund um die Hochzeit ihres Cousins Nándor in ihrer ursprünglichen Heimat.

Nándor und Valéria, die Erinnerung an ein kochendes Hochzeitszelt, das im Innenhof von Tante Manci und Onkel Móric aufgestellt worden ist, das wir Kinder am Tag vor der Hochzeit mit Krepppapier und roten Nelken schmücken, Nomi und ich, die etwas unbeholfen am Tisch sitzen, uns in Papierrollen verwickeln, uns von unserer sehr ernsthaften Cou-Cousine[2] zeigen lassen müssen, wie es geht, die einfachste Sache der Welt! Lujza, die mit ihren kurzen Fingern (schwitzende Wurstfinger, sagen wir, auf Schweizerdeutsch) die Papierrollen so rasch übereinanderlegt, als müssten wir nicht nur das Zelt, sondern den ganzen Innenhof samt Haus dekorieren, ich finde es erstaunlich, dass ihr so was nicht auf die Reihe kriegt, sagt Lujza, ohne uns anzuschauen, ich dachte, ehrlich gesagt, dass ihr im Westen alles könnt, und natürlich lästern Nomi und ich auf Schweizerdeutsch weiter über sie, über ihre Flaschenbodenbrille und ihre naive Freude, dass sie die Schleppe der Braut mittragen darf, bei uns gibt's gar kein Krepppapier mehr, sage ich laut, und Nomi und ich zwinkern uns zu, drücken unsere Knie gegeneinander, dann könnt ihr ja gar kein Zelt dekorieren, sagt Lujza und zieht das ineinandergefaltete Papier auseinander, zeigt uns, indem sie den Kopf nach hinten wirft, die rotgrün-weiße Girlande, Lujza, die die Leiter hinauffliegt, die Girlande mit flinken Handbewegungen am Zelt befestigt, das wird ein rauschendes Fest, sag ich euch, eine Hochzeit, von der man noch lange reden wird, und sie zeigt auf das Zelt, das fast fertig geschmückt ist, die Papiergirlanden, die in allen Farben in der Luft hängen, rote Nelken, die wir zu einem Herz geflochten haben und mit ausgewählten Heiligenbildchen da befestigt haben, wo das Brautpaar morgen sitzen wird; und fast schäme ich mich für Lujza, dass sie wegen dem bisschen Papier- und Blumenschmuck so stolz und aufgeregt ist, sie kennt eben die wirkliche Aufregung nicht, Jungs mit richtig sitzenden, modischen Jeans, halsbrecherische Achterbahnen, sie tut mir leid, dass sie wahrscheinlich noch nie in ihrem Leben ein richtiges Schaufenster gesehen hat.

Ich, die nach immer neuen Sachen sucht, die Lujza in ihrer Naivität entlarven, setze mich mit Nomi etwas abseits hin, als Onkel Móric mit ein paar Männern die Lichterketten montiert, wir schauen zu, wie die Männer hängen, umhängen, weil Lujza wieder Bescheid weiß, aber als wir das fertig geschmückte, beleuchtete Zelt sehen, die langen, mit weißen Tischtüchern gedeckten Tische, die vielen Gläser und Teller, die zu Fächern gefalteten Servietten, sind wir doch sprachlos, dass es nicht primitiv, sondern festlich aussieht.

Und wir?, wie sehen wir denn aus, als wir vor dem Zelt stehen, vom Brautführer begrüßt werden, das grasgrüne, knöchellange Kleid von Mutter, Nomi, die für die 50er-Jahre schwärmt und ein rosarotes Tüllkleid trägt, Vater, der in einem Anzug, so finde ich jedenfalls, immer sehr elegant und ernst aussieht, ein hellgrauer Anzug, ein weißes Hemd und eine in drei Farben schillernde Krawatte, und ich trage einen knielangen, eng anliegenden, weißen Jupe[3], eine hellblaue Bluse, die die Schultern freilässt (und wenn ich nicht wüsste, dass ihr es seid, hätte ich euch nicht erkannt, sagte Mamika[4], als wir uns umgezogen haben), als wir so vor dem Zelt stehen, der Brautführer irgendwas von wegen weit gereist sind sie, sagt, vergisst die Hochzeitsgesellschaft, weiterzuessen, Suppenlöffel bleiben in der Luft, an Brotbissen wird nicht mehr gekaut, und einen Moment lang kommt es mir so vor, als müssten wir rückwärts wieder raus, damit alles seinen gewohnten Lauf nehmen kann, ohne uns – aber schon im nächsten Moment werden wir lachend zu Tisch gebeten, geben uns Tante Manci und Onkel Móric schmatzende Küsse, das Brautpaar, das uns umarmt, die Hände drückt, beteuert, dass sie sich freuen, von so weit her!, für uns, für unseren Tag!

Und schon haben wir eine dampfende Suppe vor uns, eine Hühnersuppe mit beeindruckenden Fettaugen, Füßen, Herzen, Lebern, und derjenige, der das Hirn kriegt, wird so gescheit sein wie Einstein!, so ruft man sich zu; gelbe Bohnensuppe mit Essig und Sauerrahm, grüne Erbsensuppe mit Taubenfleisch, die alle großartig finden, Tante Manci, die das Geheimnis ihres Süppchens nicht preisgibt, aber soviel verrat ich euch, bei mir kommt nur ganz junges Taubenfleisch rein!, und natürlich die Fischsuppe mit ganzen Karpfenköpfen, die in der Sommerküche in einem Kessel vor sich hinköchelt.

Und weiter geht's mit leichten Fleischgerichten: knusprig gebratene Hühner und frittierte Kartoffeln, hauchdünn geklopfte, panierte Schweineschnitzel mit Petersilienkartoffeln, und die Musiker singen, und alle singen mit, *wir treffen uns bald, wir treffen uns bald in einem andern Land ...* Kalbfleisch und frischen Champignons, dazu Sauerrahm und Knödel, hört auf, ruft jemand, sonst können wir nicht mehr in die Kirche, dann müsst ihr die Trauung abblasen! Trotzdem wird noch *fasirt* aufgetragen, weil Tante Mancis Hackfleischgerichte unwiderstehlich sind – wir essen beim Mittagessen schon so viel, dass Nomi schwört, sie werde den ganzen Tag nichts mehr essen können, wart's ab, meint Mamika lachend, das Fest hat erst gerade angefangen!

Quelle: Melinda Nadj Abonji: Tauben fliegen auf. Jung und Jung Verlag, Salzburg/Wien 2010, S. 32–35.

1 autonome Provinz im Norden Serbiens; dort wird Ungarisch gesprochen
2 *Cou-Cousine:* gemeint: eine Kusine zweiten Grades
3 *Jupe:* Rock
4 *Mamika:* Kosename für die Großmutter

Aufgaben zum Leseverstehen von M 6

Lies den Text „Tauben fliegen auf“ und bearbeite anschließend die Aufgaben.

1 Wie ist das Wetter, als die Familie in ihre ehemalige Heimat reist? Schreibe einen Satz.

____

2 Wer trifft welche Vorbereitungen zum Hochzeitsfest? Schreibe je einen ganzen Antwortsatz.

Die Kinder: ______________________________

Die Frauen: ______________________________

Die Männer: ______________________________

3 Welche Gefühle empfindet die Ich-Erzählerin bei den Vorbereitungen zum Fest, welche ihre Cousine Lujza? Ordne passend zu. Verwende diese Abkürzungen: **I** für Ich-Erzählerin, **L** für Lujza
Hinweis: Ein Gefühl musst du zweimal zuordnen.

Person	Gefühl
	Ernsthaftigkeit
	Stolz
	Überlegenheit
	Unsicherheit
	Verachtung
	Vorfreude

Tipp

Gefühle werden in einem literarischen Text oft nicht direkt genannt. Dann musst du sie aus dem Verhalten und den Äußerungen der Figuren ableiten. ■

4 Was denkt Lujza über Menschen, die in Westeuropa leben?

____

____

5 Die Ich-Erzählerin und ihre Schwester unterhalten sich zwischendurch auf Schweizerdeutsch. Warum tun sie das? Kreuze die passende Aussage an.

- ☐ Sie wollen damit angeben.
- ☐ Sie wollen nicht verstanden werden.
- ☐ Sie beratschlagen sich.
- ☐ Sie verstehen kein Ungarisch.

6 Kreuze an, welche der Aussagen zutreffen und welche nicht.

		trifft zu	trifft nicht zu
a	Beim Falten der Girlanden ist die Ich-Erzählerin ungeschickt.	☐	☐
b	Lujza hilft den Mädchen nicht beim Herstellen der Girlanden.	☐	☐
c	Die Ich-Erzählerin und ihre Schwester lästern über Lujza.	☐	☐
d	Die Ich-Erzählerin schämt sich für Lujza.	☐	☐
e	Die Ich-Erzählerin empfindet ihre alte Heimat als fremd.	☐	☐

7 Die Ich-Erzählerin staunt über Lujzas Geschicklichkeit. Weise nach, dass diese Behauptung zutrifft. Führe zwei geeignete Textstellen an und erläutere sie kurz.

____

____

____

____

____

8 Die Ich-Erzählerin sagt, in der Schweiz gebe es kein Krepppapier mehr (vgl. Z. 17 f.). Meint sie das ernst? Belege deine Einschätzung anhand einer Textstelle.

Die Ich-Erzählerin meint das …

☐ ernst.

☐ nicht ernst.

Beleg: _______________

____

9 Die Ich-Erzählerin ändert im Laufe der Hochzeitsvorbereitungen ihr Urteil über das Festzelt.

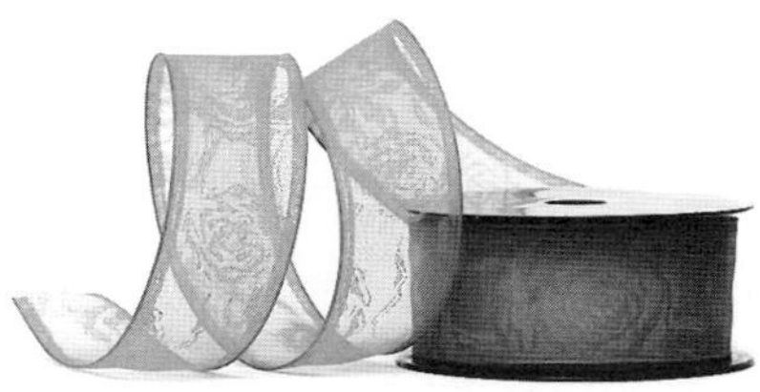

a Wann ist das der Fall? Beende den angefangenen Satz.

Sie ändert ihr Urteil, als _______________

____

b Welche Vorstellung hat die Ich-Erzählerin anfangs von dem Festzelt gehabt, und was denkt sie am Ende? Trage jeweils ein passendes Adjektiv ein.

Am Anfang hat sie gedacht, das geschmückte Zelt würde _______________ aussehen. Am Ende findet sie, dass es _______________ aussieht.

10 Als die Ich-Erzählerin zusammen mit ihrer Familie das Festzelt betritt, hören die Hochzeitsgäste zeitweise auf zu essen (vgl. Z. 59 ff.). Finde eine Erklärung dafür, dass sie diese Reaktion zeigen.

Tipp

Überlege, welche Gründe es dafür geben kann, dass man eine Tätigkeit plötzlich unterbricht. ■

11 An einer Stelle sagt die Ich-Erzählerin: „[...] *einen Moment lang kommt es mir so vor, als müssten wir rückwärts wieder raus, damit alles seinen gewohnten Lauf nehmen kann, ohne uns* [...]" (Z. 61 ff.). Warum kommt ihr dieser Gedanke? Beantworte diese Frage mit ein bis zwei vollständigen Sätzen.

12 Finde eine Erklärung dafür, dass die Ich-Erzählerin die Speisenfolge so genau beschreibt.

- ☐ Sie findet es übertrieben, dass so viele Gerichte angeboten werden.
- ☐ Sie ist überwältigt, dass es eine solche Fülle von Speisen gibt.
- ☐ Sie erklärt damit, dass sie nicht alles probieren kann.
- ☐ Sie wundert sich darüber, dass es schon vor der Trauung etwas zu essen gibt.

13 Während des Essens ist die Stimmung fröhlich. Schreibe zwei Textstellen heraus, um diese Aussage zu belegen.

-
-

14 Die Hochzeitsgesellschaft singt plötzlich ein Lied (vgl. Z. 83 f.). Was kommt damit zum Ausdruck und was nicht? Kreuze entsprechend an.

		trifft zu	trifft nicht zu
a	Die Gäste sind alle fröhlich.	☐	☐
b	Sie wollen von den Schweizer Verwandten ablenken.	☐	☐
c	Sie haben keinen Hunger mehr.	☐	☐
d	Sie fühlen sich miteinander verbunden.	☐	☐
e	Sie haben keine Musikanlage.	☐	☐

15 Untersuche den Text in Bezug auf den Satzbau.

a Was fällt dir auf?

Tipp

Berücksichtige auch die Zeichensetzung. ■

b Welche Stimmung kommt durch den Satzbau zum Ausdruck? Kreuze die passende Aussage an.

Die Stimmung wirkt …

- ☐ aufgeregt.
- ☐ langweilig.
- ☐ fröhlich.
- ☐ gleichgültig.

16 Anna sagt nach dem Lesen des Textes: *„Die Ich-Erzählerin ist bestimmt froh, wenn das Hochzeitsfest endlich vorbei ist."* Nimm begründet Stellung zu dieser Aussage.

M 7: Wolfgang Herrndorf: Tschick

Der Roman „Tschick“ erzählt von zwei vierzehnjährigen Jungen, die sich in den Sommerferien langweilen und schließlich auf die Idee kommen, zusammen in die Walachei zu fahren. Mit einem gestohlenen Lada machen sie sich tatsächlich auf den Weg, doch in der Walachei kommen sie nie an. Einer der beiden, der Schüler Maik, erzählt im Rückblick von den Erlebnissen, die er zusammen mit seinem Freund Tschick, einem Aussiedler aus Russland, auf dieser abenteuerlichen Fahrt gehabt hat.

Ich hatte meinen Arm aus dem Fenster gehängt und den Kopf darauf gelegt. Wir fuhren Tempo 30 zwischen Wiesen und Feldern hindurch, über denen langsam die Sonne aufging, irgendwo hinter Rahnsdorf[1], und es war das Schönste und Seltsamste, was ich je erlebt habe. Was daran seltsam war, ist schwer zu sagen, denn es war ja nur eine Autofahrt, und ich war schon oft Auto gefahren. Aber es ist eben ein Unterschied, ob man dabei neben Erwachsenen sitzt, die über Waschbeton und Angela Merkel reden, oder ob sie eben nicht da sitzen und niemand redet. Tschick hatte sich auf seiner Seite auch aus dem Fenster gehängt und steuerte den Wagen mit der rechten Hand eine kleine Anhöhe hinauf. Es war, als ob der Lada von alleine durch die Felder fuhr, es war ein ganz anderes Fahren, eine andere Welt. Alles war größer, die Farben satter, die Geräusche Dolby Surround, und ich hätte mich, ehrlich gesagt, nicht gewundert, wenn auf einmal Tony Soprano[2], ein Dinosaurier oder ein Raumschiff vor uns aufgetaucht wäre.

Wir waren auf dem direktesten Weg aus Berlin rausgefahren, den Frühverkehr hinter uns lassend, und steuerten durch die Vororte und über abgelegene Wege und einsame Landstraßen. Wobei sich als Erstes bemerkbar machte, dass wir keine Landkarte hatten. Nur einen Straßenplan von Berlin.

„Landkarten sind für Muschis[3]“, sagte Tschick, und da hatte er logisch recht. [...] Wir fuhren deshalb erst mal Richtung Süden. Die Walachei liegt nämlich in Rumänien, und Rumänien ist im Süden.

Das nächste Problem war, dass wir nicht wussten, wo Süden ist. Schon am Vormittag zogen schwere Gewitterwolken auf, und man sah keine Sonne mehr. Draußen waren mindestens vierzig Grad. Es war noch heißer und schwüler als am Tag davor.

Ich hatte diesen kleinen Kompass am Schlüsselbund, der mal aus einem Kaugummiautomaten gekommen war, aber in dem Auto zeigte er irgendwie nicht nach Süden, und auch draußen zeigte er, wohin er wollte. Wir hielten extra an, um das rauszufinden, und als ich wieder in den Wagen stieg, merkte ich, dass unter meiner Fußmatte etwas lag – eine Musikkassette. Sie hieß *The Solid Gold Collection von Richard Clayderman*, und es war eigentlich keine Musik, eher so Klaviergeklimper, Mozart. Aber wir hatten ja nichts anderes, und weil wir auch nicht wussten, was da vielleicht noch drauf war, hörten wir das erst mal. Fünfundvierzig Minuten. Alter Finne. Wobei ich zugeben muss: Nachdem wir ausreichend gekotzt hatten über *Rieschah* und sein Klavier, hörten wir auch die andere Seite, wo genau das Gleiche drauf war, und es war immer noch besser als nichts. Im Ernst, ich hab's Tschick nicht gesagt, und ich sag's auch jetzt nicht gern: Aber diese Moll[4]-Scheiße zog mir komplett den Stecker. [...]

Tatsächlich hatten wir uns irgendwie auf den Autobahnzubringer verirrt, und Tschick, der zwar einigermaßen fahren konnte, aber so was wie deutsche Autobahn auch noch nicht erlebt hatte, war wild am Rumkurbeln. Als er sich unten einfädeln sollte, legte er eine Vollbremsung hin, gab wieder Gas, bremste nochmal und eierte im Schritttempo auf die Standspur, bevor er es endlich nach links rüberschaffte. Zum Glück rammte uns niemand. Ich hielt die Füße mit aller Kraft vorne gegengestemmt, ich dachte, wenn wir jetzt sterben, liegt das an Rieschah und seinem Klavier. Aber wir starben nicht. Das Geklimper setzte zu immer neuen Höhenflügen an, und wir einigten uns darauf, nach der nächsten Ausfahrt nur noch kleine Straßen und Feldwege zu fahren. Ein Problem war auch: Auf der Autobahn war links neben uns ein Mann im schwarzen Mercedes aufgetaucht und hatte zu uns reingeguckt und wie wild Handzeichen gemacht. Er hatte irgendwelche Zahlen mit den Fingern angedeutet und sein Handy hochgehalten und so getan, als ob er sich unser Kennzeichen aufschreiben würde. Mir ging wahnsinnig die Muffe, aber Tschick zuckte einfach die Schultern und tat so, als wäre er dem Mann *dankbar*, dass er uns darauf aufmerksam machte, dass wir noch mit Licht fuhren, und dann hatten wir ihn im Verkehr verloren.

Tatsächlich sah Tschick ein bisschen älter aus als vierzehn. Aber keinesfalls wie achtzehn. Wobei wir ja auch nicht wussten, wie er in voller Fahrt durch die verschmierten Scheiben aussah. Um das zu testen, machten wir auf einem abgelegenen Feldweg erst mal ein paar Versuche. Ich stellte mich an den Straßenrand, und Tschick musste zwanzigmal an mir vorbeifahren, damit ich gucken konnte, wie er am erwachsensten rüberkam. Er legte beide Schlafsäcke als Kissen auf den Fahrersitz, setzte meine Sonnenbrille wieder auf, schob sie ins Haar, steckte eine Zigarette in seinen Mundwinkel und klebte sich zuletzt ein paar Stücke schwarzes Isolierband ins Gesicht, um einen Kevin-Kurányi-Bart[5] zu simulieren. Er sah allerdings nicht aus wie Kevin Kurányi, sondern wie ein Vierzehnjähriger, der sich Isolierband ins Gesicht geklebt hat. Am Ende riss er alles wieder runter und pappte sich einen kleinen quadratischen Klebestreifen unter die Nase. Damit sah er aus wie Hitler, aber das wirkte aus einiger Entfernung tatsächlich am besten. Und weil wir eh in Brandenburg waren, konnte das auch keine politischen Konflikte geben.

Nur das Problem mit der Orientierung blieb. Dresden war mal ausgeschildert. Dresden lag ziemlich sicher im Süden, und da nahmen wir erst mal diese Richtung. Aber wenn wir die Wahl hatten zwischen zwei Wegen, fuhren wir nach Möglichkeit den kleineren mit weniger Autos, und da gab es dann bald immer weniger Wegweiser, und die zeigten immer nur bis zum nächsten Dorf und nicht nach Dresden. Geht es nach Burig Richtung Süden oder nach Freienbink? Wir warfen eine Münze. Tschick fand das mit der Münze toll und sagte, wir fahren jetzt nur noch nach Münze. Kopf für rechts, Zahl für links, und wenn sie auf dem Rand liegen bleibt, geradeaus. Die Münze blieb logischerweise nie auf dem Rand liegen, und wir kamen überhaupt nicht mehr voran. Deshalb gaben wir das mit der Münze bald wieder auf und fuhren immer rechts-links-rechts-links, was ich vorgeschlagen hatte, aber das war auch nicht besser. Man sollte meinen, wenn man immer abwechselnd rechts und links fährt, könnte man nicht im Kreis fahren, aber wir schafften es. Als wir zum dritten Mal an einem Wegweiser standen, wo es links nach Markgrafpieske und rechts nach Spreenhagen ging, kam Tschick auf die Idee, nur noch Orte anzusteuern, die mit M oder T anfingen. Aber davon gab es eindeutig zu wenig. [...]

Endlich kam die Sonne durch. In einem Maisfeld gabelte sich der Weg. Nach schräg links ging es endlos auf Kopfsteinpflaster, nach rechts endlos auf Sand. Wir stritten, welcher Weg mehr nach Süden zeigte. Die Sonne stand nicht ganz in der Mitte. Es war kurz vor elf.

„Süden ist da", sagte Tschick.

„Da ist Osten."

[...] „Also, ich würde sagen, wenn wir nicht genau wissen, wo Süden ist, fahren wir einfach Sandpiste", sagte Tschick und band die Uhr wieder um. „Da ist weniger los." [...]

Quelle: Wolfgang Herrndorf: Tschick. Rowohlt Verlag, Berlin 2010⁴, S. 104–109.

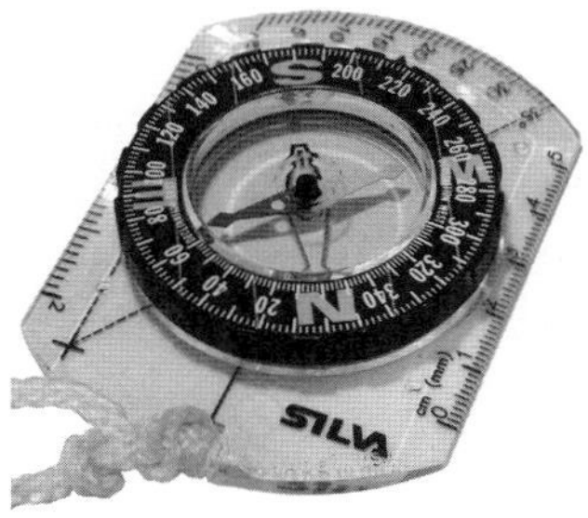

1 *Rahnsdorf:* der östlichste Stadtteil von Berlin
2 *Tony Soprano:* ein Mafia-Boss aus einer TV-Serie. Diese wurde inzwischen eingestellt.
3 *Muschi:* jugendsprachlich, oft abwertend für „Frau", auch „Schwächling, Feigling"
4 *Moll:* ein Begriff aus der Musik. Das Wort stammt aus dem Lateinischen (*mollis:* weich) und bezeichnet eine Tonart, die sehr gefühlvoll und weich klingt.
5 *Kevin Kurányi:* ein bekannter deutscher Fußballspieler. Typisch für ihn ist sein Bart; dieser besteht aus einem Oberlippenbart und drei senkrechten Streifen auf dem Kinn

Aufgaben zum Leseverstehen von M 7

Lies den Auszug aus dem Roman „Tschick“ und bearbeite anschließend die Aufgaben.

1 Woran erkennt man, dass der gegebene Textauszug vom Anfang der Fahrt erzählt?
Nenne ein Beispiel aus dem Text.
Gib den Inhalt mit eigenen Worten wieder.

Tipp

Achte nicht nur auf die Beschreibung der Fahrt, sondern auch auf die Darstellung von Gefühlen. ■

2 Zu welcher Tageszeit haben sich die beiden Jungen auf den Weg gemacht?
Kreuze die passende Aussage an.

Sie haben sich …

- ☐ früh morgens
- ☐ mittags
- ☐ nachmittags
- ☐ abends
- ☐ nachts

… auf den Weg gemacht.

3 Der Ich-Erzähler sagt über diese Autofahrt: *„[…] es war das Schönste und Seltsamste, was ich je erlebt habe.“* (Z. 6 f.) Erkläre, warum sie ihm so besonders vorkommt.

4 Die Autofahrt mit Tschick bewirkt, dass der Ich-Erzähler sein Umfeld ganz anders wahrnimmt als sonst. Welche der folgenden Aussagen treffen zu und welche nicht?
Kreuze entsprechend an.

		trifft zu	trifft nicht zu
a	Ihm erscheint alles viel größer als sonst.	☐	☐
b	Ihm kommt es vor, als wäre er ganz allein auf der Welt.	☐	☐
c	Er genießt die Stille.	☐	☐
d	Die Farben wirken kräftiger.	☐	☐
e	Er sieht Dinge, die es gar nicht gibt.	☐	☐

5 *„[. . .] ich hätte mich [. . .] nicht gewundert, wenn auf einmal Tony Soprano, ein Dinosaurier oder ein Raumschiff vor uns aufgetaucht wäre.“* (Z. 21 – 23)
Was bringt der Ich-Erzähler damit zum Ausdruck? Kreuze die passende Aussage an.

- ☐ Er hält das Ganze für einen Traum.
- ☐ Ihm kommt alles unwirklich vor.
- ☐ Er ist über alle Maßen begeistert.
- ☐ Er hat den Sinn für die Realität verloren.

6 Welches Problem haben die beiden Jungen?
Kreuze die passende Aussage an.

- ☐ Sie haben nicht genug Benzin.
- ☐ Sie haben keinen Kompass.
- ☐ Sie fühlen sich verfolgt.
- ☐ Sie haben keine Landkarte.

Tipp
Kreuze die Aussage an, die das Hauptproblem benennt. ■

7 Bringe die Versuche der beiden Jungen, die Orientierung zu finden, in die richtige zeitliche Reihenfolge. Nummeriere die Aussagen entsprechend.

Tipp
Die entscheidenden Informationen sind über den ganzen Text verstreut. ■

Nummer	Vorgehen der Jungen
	Sie versuchen, sich am Stand der Sonne zu orientieren.
	Sie biegen abwechselnd links und rechts ab.
	Sie orientieren sich an Wegweisern, die Richtung Dresden zeigen.
	Der Ich-Erzähler probiert einen Spielzeugkompass aus.
	Sie merken, dass sie im Kreis gefahren sind.
	Sie werfen eine Münze, um per Los über den Weg zu entscheiden.
	Sie wollen in Richtung Süden fahren.
	Sie beschließen, im Zweifel eine Sandpiste entlangzufahren.
	Sie merken, dass ihnen der Sonnenstand keine Hilfe ist.

8 Was entdeckt der Ich-Erzähler, als er nach dem Versuch, den Kompass zu benutzen, wieder ins Auto einsteigt?

____

9 *„Alter Finne."* (Z. 50 f.) – Was meint der Ich-Erzähler mit dieser Äußerung? Kreuze die passende Aussage an.

Tipp
Berücksichtige bei deiner Antwort den Textzusammenhang. ■

Er äußert damit …

- ☐ Faszination und Begeisterung.
- ☐ Zweifel und Entsetzen.
- ☐ Erstaunen und Ablehnung.
- ☐ Wut und Enttäuschung.

10 Was meint der Ich-Erzähler, wenn er von *„Moll-Scheiße"* (vgl. Z. 56) spricht?

____

____

11 Warum bekommt Tschick ein Problem beim Autofahren? Kreuze an, welche der folgenden Aussagen zutreffen und welche nicht.

		trifft zu	trifft nicht zu
a	Er ist kein geübter Autofahrer.	☐	☐
b	Er kennt den richtigen Weg nicht.	☐	☐
c	Er kann nur langsam fahren.	☐	☐
d	Er hat keine Erfahrung mit dem Fahren auf Autobahnen.	☐	☐
e	Er verwechselt die Kupplung mit dem Bremspedal.	☐	☐
f	Es fällt ihm schwer, sich in die rechte Autobahn-Spur einzufädeln.	☐	☐

12 Wovor hat der Ich-Erzähler einen Moment lang Angst?

Er hat Angst vor …

- ☐ einem Unfall.
- ☐ einer Anzeige bei der Polizei.
- ☐ einer Autopanne.
- ☐ Verfolgung.

13 Warum klebt sich Tschick am Ende einen kleinen quadratischen Klebestreifen unter die Nase (vgl. Z. 94 f.) und was erreicht er damit? Antworte in ganzen Sätzen.

____

____

____

14 *„Und weil wir eh in Brandenburg waren, konnte das auch keine politischen Konflikte geben."* (Z. 102 f.) Warum sind die Jungen dieser Auffassung? Kreuze die passende Aussage an.

Sie denken, in Brandenburg …

- ☐ gibt es viele Nazis.
- ☐ kennt sie niemand.
- ☐ ist wenig Polizei vor Ort.
- ☐ sind viele Gebiete dünn besiedelt.

Tipp

Bedenke das Aussehen Tschicks, nachdem er sich einen schwarzen Klebestreifen unter die Nase geklebt hat. ■

15 *„Da ist weniger los."* (Z. 137 f.) Diese Worte spricht Tschick am Schluss des Romanauszugs. Warum sagt er das? Kreuze die passende Aussage an.

- ☐ Er will nicht in einen Stau geraten.
- ☐ Er will nicht auffallen.
- ☐ Er will nicht schnell fahren müssen.
- ☐ Er hat Angst vor Gegenverkehr.

16 Inwiefern merkt man an der Sprache, dass der Autor sich bei der Darstellung darum bemüht hat, die Perspektive eines Vierzehnjährigen einzunehmen? Beziehe dich bei deiner Antwort auf Textstellen.

17 Nach der Lektüre dieses Textauszugs äußerte sich der Schüler Tim so: *„Man merkt, dass der Ich-Erzähler sich seinem Freund Tschick unterordnet."*

Nimm begründet Stellung zu dieser Schüleräußerung.

Tipp

Überlege, woran man es erkennen würde, dass sich jemand seinem Freund unterordnet. ■

Schreibkompetenz

M 8: Benjamin Alire Sáenz: Aristoteles und Dante entdecken die Geheimnisse des Universums

Ari (Kurzform von Aristoteles[1]) und Dante[2] sind zwei Jungen mexikanischer Herkunft, die in den USA aufgewachsen sind. Sie fühlen sich beide als Außenseiter. Eines Tages treffen sie sich zufällig in einem Schwimmbad und finden einander sympathisch. Das ist der Beginn ihrer Freundschaft …

Meine Mutter unterbrach meine Gedanken – falls es welche waren. „Dante ist am Telefon."

Ich ging an der Küche vorbei und sah meine Mutter Schränke ausräumen. Was immer Sommer bedeutete, für sie bedeutete er Arbeit.

Ich warf mich im Wohnzimmer auf das Sofa und schnappte mir den Hörer.

„Hi", sagte ich.

„Hi", sagte er. „Was machst du gerade?"

„Nichts. Ich bin immer noch nicht ganz fit. Meine Mutter geht heute Nachmittag mit mir zum Arzt."

„Ich hatte gehofft, wir gehen schwimmen."

„Mist", sagte ich. „Ich kann nicht. Ich, du weißt schon –"

„Klar, ich weiß. Du hängst also nur rum?"

„Ja."

„Liest du irgendwas, Ari?"

„Nein. Ich denke nach."

„Worüber?"

„Alles Mögliche."

„Alles Mögliche?"

„Du weißt doch, Dante, bestimmte Dinge."

„Wie zum Beispiel?"

„Zum Beispiel, dass meine zwei Schwestern und mein Bruder sehr viel älter sind als ich, und was das mit mir macht."

„Wie alt sind deine Geschwister?"

„Meine Schwestern sind Zwillinge. Keine eineiigen, aber sie sehen sich ähnlich. Sie sind siebenundzwanzig. Meine Mutter bekam sie mit achtzehn."

„Wow", sagte Dante. „Siebenundzwanzig."

„Ja, wow. Ich bin fünfzehn und habe drei Nichten und vier Neffen."

„Das ist richtig cool, Ari."

„Glaub mir, Dante, das ist nicht cool. Sie sagen nicht mal Onkel Ari zu mir."

„Und wie alt ist dein Bruder?"

„Fünfundzwanzig."

„Ich wollte immer einen Bruder."

„Ja, klar, ich könnte ebenso gut keinen haben."

„Warum?"

„Wir reden nicht über ihn. Es ist, als ob er tot wäre."

„Warum?"

„Er sitzt im Gefängnis, Dante." Ich hatte noch nie jemandem von meinem Bruder erzählt. Ich hatte noch nie ein Wort über ihn einem anderen Menschen gegenüber verloren. Ich fühlte mich mies, weil ich über ihn redete.

Dante schwieg.

„Können wir bitte nicht über ihn reden?", sagte ich.

„Warum?"

„Ich komme mir so mies dabei vor."

„Ari, du hast nichts getan."

„Ich will nicht über ihn reden, okay, Dante?"

„Okay. Aber weißt du, Ari, dein Leben ist echt interessant."

„Nicht wirklich", sagte ich.

„Doch, wirklich", sagte er. „Zumindest hast du Geschwister. Ich dagegen hab nur eine Mutter und einen Vater."

„Und wie sieht es mit Cousins und Cousinen aus?"

„Die mögen mich nicht. Sie halten mich für – na ja, sie halten mich für ein bisschen anders. Sie sind richtige Mexikaner, weißt du. Und ich bin gewissermaßen ein, wie hast du mich noch mal genannt?"

„Ein *pocho*[3]."

„Genau das bin ich. Mein Spanisch ist nicht besonders gut."

„Du kannst es lernen", sagte ich.

„Es in der Schule zu lernen ist anders, als es zu Hause oder auf der Straße zu lernen. Außerdem ist es ziemlich schwer, weil ich fast nur Cousins und Cousinen mütterlicherseits habe – und die sind alle arm. Meine Mutter ist die Jüngste, und sie hat schwer dafür gekämpft, dass sie studieren durfte. Ihr Vater fand, Mädchen sollten nicht ans College gehen. Da sagte meine Mutter: ‚Scheiß drauf, ich studiere trotzdem.'"

„Ich kann mir nicht vorstellen, dass deine Mutter ‚scheiß drauf' sagt."

„Na ja, das hat sie wahrscheinlich nicht gesagt – aber sie hat eine Möglichkeit gefunden. Sie war sehr klug, hat sich durchs College gearbeitet und anschließend ein Stipendium[4] bekommen, um an der Berkeley[5] einen Abschluss zu machen. Dort hat sie meinen Vater kennengelernt. Irgendwann dazwischen kam ich zur Welt. Sie hatten ihr Studium. Meine Mutter wurde Psychologin. Mein Vater Englischprofessor. Die Eltern meines Vaters wurden in Mexiko geboren. Sie leben in einem kleinen Haus in East LA[6], sprechen kein Englisch und haben ein kleines Restaurant. Meine Eltern haben sich eine ganz neue eigene Welt geschaffen. Ich lebe in ihrer neuen Welt. Aber sie verstehen auch die alte Welt, aus der sie kamen – und ich nicht. Ich gehöre nirgendwo hin. Das ist das Problem."

„Doch", sagte ich. „Du gehörst überall dazu, wohin du gehst. So bist du eben."

„Du hast mich noch nie zusammen mit meinen Cousins gesehen. Ich komme mir dann vor wie ein komischer Vogel."

Ich kannte dieses Gefühl. „Ich weiß", sagte ich. „Mir geht es oft genauso."

„Aber wenigstens bist du ein echter Mexikaner."

„Was weißt du über Mexiko, Dante?"

Die Stille am Telefon war merkwürdig. „Meinst du, es wird immer so sein?"

„Was?"

„Im Ernst, wann haben wir wohl das Gefühl, dass die Welt uns gehört?"

Ich hätte ihm gern gesagt, dass uns die Welt nie gehören wird. „Ich weiß nicht", sagte ich. „Morgen."

Quelle: Benjamin Alire Sáenz: Aristoteles und Dante entdecken die Geheimnisse des Universums. Aus dem Amerikanischen von Brigitte Jakobeit. Thienemann Verlag, Stuttgart 2014, S. 96–99.

1 *Aristoteles:* männlicher Vorname; erinnert an den griechischen Philosophen Aristoteles (384–322 v. Chr.)
2 *Dante:* Kurzform des männlichen Vornamens Durante; erinnert an den italienischen Dichter Dante Alighieri (1265–1321)
3 *pocho:* ein Mexikaner, der sein Heimatland verlassen hat und in den USA lebt. Die Bezeichnung ist herablassend gemeint.
4 *Stipendium:* finanzielle Unterstützung für ein Studium oder eine Ausbildung
5 *Berkeley:* angesehene Universität in Kalifornien
6 *East LA:* der östliche Teil von Los Angeles. Dort wohnen überwiegend „Latinos", d. h. Personen, die in den USA leben, aber ihre Wurzeln in einem lateinamerikanischen Land haben. Die Gegend gilt als gefährlich.

Schreibaufgabe zu M 8

1. **Analysiere** den Auszug aus dem Roman „Aristoteles und Dante entdecken die Geheimnisse des Universums" von Benjamin Alire Sáenz.

   Gehe so vor:
   - Schreibe eine **Einleitung**, in der du Textsorte, Titel und Verfasser nennst und das Thema bestimmst.
   - **Fasse** im Hauptteil zunächst den **Inhalt** des Textes knapp **zusammen**.
   - **Stelle dar**, wie das **Gespräch** zwischen den beiden Jungen verläuft und was darin zum Ausdruck kommt.
   - **Vergleiche** Ari und Dante miteinander. Erläutere **Gemeinsamkeiten** und **Unterschiede**.
   - **Untersuche** die **Sprache** des Ich-Erzählers. Zeige, wie seine Ausdrucksweise dazu beiträgt, dass das Gespräch der Jungen echt wirkt. (Mögliche Aspekte: Wortwahl, Satzbau, Sprachbilder)

   Schreibe mindestens 500 Wörter.

2. Mehmet sagte nach dem Lesen des Textes:
   „Die beiden sprechen eigentlich nur über ihre Familien. Das finde ich unglaubwürdig. In dem Alter unterhalten sich Jugendliche normalerweise über ganz andere Dinge."
   - Nimm Stellung zu Mehmets Äußerung.
   - Begründe deine Meinung.
   - Belege deine Ausführungen am Text.

M 9: Charlotte Kerner: Geboren 1999

Der Roman „Geboren 1999“ handelt von der Suche eines Jungen nach seinen leiblichen Eltern. Nach mühevollen Recherchen begreift er die erschreckende Wahrheit: Er ist künstlich gezeugt worden und als Embryo in einer Maschine – statt im Uterus seiner Mutter – herangewachsen. Der folgende Abschnitt erzählt davon, wie er seine „Leihmutter“ erstmals zu sehen bekommt.

Ende der Suche: Erkennen

Die Glasscheibe, die Karl immer noch von ihr trennt, spiegelt die schwarzen Buchstaben wider, die auf dem blauen Besucherkittel genau über seiner Brust stehen: AU III. Das ist die Abkürzung für „Artificial Uterus III“[1]. Hier fing es an, hier fing er an. Karl sieht sie durch das beschlagene Glas, seine Mutter, die Maschine, diese Maschinenmutter. Dort steht sie, in sanftes Licht getaucht.

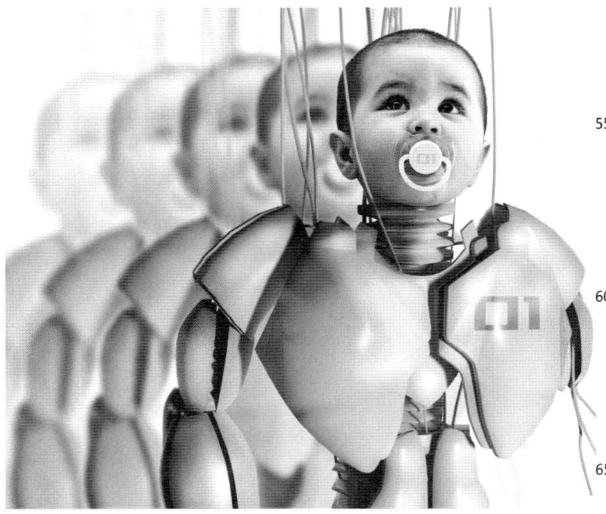

Meine Mutter ist eine Maschine. Ich bin ein Maschinenkind.

Er möchte aufschreien, sich dieses Bild von der Seele schreien. Hier steht er, der erste Maschinenmensch, geboren 1999.

„Seht her, ich bin's“, möchte er rufen. „Man nennt mich den Kalten Karl. Zu Recht wohl, die Schraube fällt nicht weit von der Maschine.“

Karl schließt die Augen. Er will diese Mutter nicht mehr sehen. Aber wie unter Zwang öffnet er seine Augen wieder und starrt durch das Glas. Vielleicht sehen sie sich ähnlich? Mutter und Kind sehen sich doch ähnlich, manchmal wenigstens.

Aber vielleicht hat er die ganze Zeit die Falsche angeschaut, nur weil sie zufällig der Glasscheibe am nächsten stand. Rechts und links und hinten im fahlen Licht blinken noch drei weitere Maschinen. Aber welche von den vieren war es? Eine Maschine sieht aus wie die andere. Welche hat ihn ausgetragen? Sie ignorieren den Besucher einfach, ihn, der ihr leiblicher, präziser: maschinen-leiblicher Sohn sein könnte.

Aber wenigstens er, als ihr menschliches Produkt, müsste sie doch unter den vieren herausfinden, seine Mama-Maschine.

Karl betrachtet wieder die Maschine, die ihm am nächsten steht. Sie sieht genauso aus, wie es in der Akte stand, die er heute Morgen gelesen hat. Die neue Zeit der Supermütter, die Zeit der Muttermaschinen ist längst angebrochen. Sein Blick tastet jedes Detail dieser Gebärerin ab.

Das Wichtigste an ihr ist natürlich der Bauch, gefertigt aus stufenlos dehnbarem Kunststoffmaterial. Er hat die Form eines eiförmigen Balles, länglich und rund zugleich. Als er als Achtzeller hineinkam, hatte der künstliche Uterus, so hatte Karl gelesen, gerade einen Umfang von fünfzehn Zentimetern. Als er nach neun Monaten herauskam, war die elastische Kugel auf einen Umfang von neunzig Zentimetern angewachsen.

Die Bauchwand ist nicht dünn und glasklar, eher trübe und dick, aber trotzdem durchsichtig. Karl sieht – wie in einem Aquarium leicht vergrößert und etwas verzerrt – ein kleines Kind darin schwimmen. Es füllt den Plastikbauch ganz aus, seine Arme, Beine und der Kopf sind gut zu erkennen. So hat auch er sich einmal in diesem Apparat gekrümmt, Beine und Arme angezogen.

Der Anblick des Fötus überwältigt Karl und macht ihn ruhiger. Hier wächst ein neuer Mensch, und das ist auch etwas Schönes, etwas Großartiges.

Der Fötus, der etwa fünfzehn Zentimeter misst, ist ein Junge, Karl hat den kleinen Penis entdeckt. Und dann sieht er sich selbst, wie er mit angewinkelten Armen und Beinen in diesem Bauch kauert. Dort ist auch er herangewachsen, hat zum ersten Mal getastet und gerochen, gestrampelt und getrunken, gefühlt und gedacht.

Ein seltsames Gefühl steigt in ihm hoch. Empfindet er so etwas wie Dankbarkeit und Zuneigung sogar zu dieser Mutter?

Er schüttelt den Kopf, schüttelt dieses abstruse[2] Gefühl ab. Wie hat er nur vergessen können, was sie ist. Dafür sieht er sie jetzt umso klarer, eine bittere Einsicht.

Sie ist eine seelenlose Maschine.

Und niemand kann eine Maschine lieben.

Aus dem Maschinenbauch heraus wie in das durchsichtige Gehäuse hinein führen zahlreiche Kabel und Schläuche. Sie führen zu Apparaten, die aussehen wie Computer. Diese überwachen die Versorgung des Kindes über die Nabelschnur und messen die Temperatur und analysieren die Zusammensetzung des Fruchtwassers, von dem das Kind ab und zu kleine Schlückchen trinkt. Werden Grenzwerte unterschritten, geben automatische Spritzen die fehlenden Nährstoffe hinzu. Bei Bedarf wärmen kleine, hoch spezialisierte Tauchsieder die Flüssigkeit nach, so dass die Temperatur immer konstant 37 Grad beträgt. Ohne die richtige Temperatur funktioniert die Maschine nicht, aber ohne menschliche Wärme schon.

Der Bauch, der ganz mit Flüssigkeit gefüllt ist, hängt in einem wannenförmigen ausgepolsterten Gestell. Diese High-Tech-Wiege umschließt den unteren Teil des Bauches. Auf Knopfdruck führt das Gestell verschiedene programmierte Bewegungen aus: Der Bauch, der an zwei Aufhängepunkten befestigt ist, kann hin und her schaukeln oder nur auf einer Seite aufgerichtet werden. Alles natürlich mit unterschiedlichen Geschwindigkeiten und in unterschiedlichem Rhythmus. Die Kleinen brauchen schließlich Bewegungsanreize, damit sich ihr Gleichgewichtsorgan richtig entwickelt.

Die Bewegungsprogramme für Mutter und Kind sind vielfältig, stand in der Akte. Angeboten werden zum Beispiel die Programme Mutter-steigt-Treppe-hinunter, Schlendern-bis-Laufen und Im-Kreis-Drehen-und-Bücken. Ein Programm hätten sie noch erfinden und bei ihm ablaufen lassen sollen: Rennen-bis-zum-Abort. Dann wäre er rechtzeitig ausgestoßen und nicht geboren worden, dann hätte er sie nie kennen lernen müssen, dann stünde er jetzt nicht hier.

Vier Lautsprecher sind von verschiedenen Seiten auf den Bauch gerichtet. Der Kleine braucht akustische Reize, damit er hören lernt. Damit er die Welt später verstehen kann. Karl selbst will, aber kann sie noch nicht verstehen.

Aus den Lautsprecherboxen erklingen in wohl dosierten Abständen, nicht zu leise oder zu laut, verschiedene Musikstücke von Klassik bis Pop, alle Arten von Geräuschen und – auf keinen Fall zu vergessen – menschliche Stimmen.

Die Menschen darf man nie vergessen, zumindest ihre Stimmen nicht.

Vielleicht lauscht der Kleine gerade den Stimmen von Mutter und Vater? Hat er überhaupt Eltern, genauer, richtige Eltern? Oder ist der kleine Junge hier vielleicht doch ein geklonter Karl, der siebzehn Jahre tiefgekühlt geschlummert hat? Sieht er ihm nicht etwas ähnlich?

Die kurze Ruhe, die er beim Betrachten des Kindes empfindet, weicht einer tiefen Angst. [...]

Quelle: Charlotte Kerner: Geboren 1999: Eine Zukunftsgeschichte. Beltz & Gelberg Verlag, Weinheim/Basel/Berlin 1995 (1. Auflage: 1989), S. 142–145.

1 *Artificial Uterus:* künstliche Gebärmutter

2 *abstrus:* verrückt, abwegig

Schreibaufgabe zu M 9

1. **Analysiere den** gegebenen **Auszug aus dem Roman** „Geboren 1999" von Charlotte Kerner.

   Gehe so vor:
   - Nenne in der **Einleitung** die Textsorte, den Titel, den Namen der Verfasserin und das Thema.
   - Fasse den **Ablauf der Handlung** knapp zusammen.
   - **Beschreibe, was Karl** bei der ersten Begegnung mit seiner „Leihmutter" **erlebt**. Gehe auch auf seine **Gedanken und Gefühle** ein. Beziehe dich auf Textstellen.
   - Beschreibe die **Sprache** des Erzählers. Äußere dich insbesondere zur **Wortwahl** und zu den **Sprachbildern**. Führe geeignete **Beispiele** an. Äußere dich auch zur **Wirkung** der Sprache.

   Schreibe mindestens 500 Wörter.

2. Helena sagte nach dem Lesen des Textes:
   „Ich glaube, Karl hat seine Meinung am Schluss geändert."
   - Nimm Stellung zu Helenas Aussage.
   - Begründe deine Meinung.
   - Belege deine Ausführungen am Text.

M 10: Kirsten Fuchs: Mädchenmeute

Der Roman handelt von einer Gruppe Mädchen, die von ihren Eltern für die Sommerferien zu einem Survival-Camp[1] im Wald angemeldet wurden. Im folgenden Auszug erzählt eine der Teilnehmerinnen, Charlotte Nowak, von der Ankunft der Mädchen im Wald.

Als der Bus aufhörte, mich zu schaukeln, wachte ich auf.

Augenreiben half nichts: Draußen war rabenschwarze Nacht. Im Scheinwerferlicht des Busses konnte ich Bäume sehen. Jede Menge Bäume. Wald also.

Neben mir wachte Mimiko auf. Sie war aus Rheinsberg. Ihr Vater war Japaner. Ihre Mutter Deutsche. Sie war hier, weil ihre Eltern fanden, Mimiko wäre zu selten draußen. Sie hatte mir ihr Smartphone gezeigt und es dann wieder in ihre Jackentasche gleiten lassen.[2] Sie hatte gezwinkert, ich genickt.

Im Businneren wurde das Licht angeschaltet. „So! Alle raus!", kam die Raucherstimme[3] aus den Lautsprechern über unseren Köpfen. Dann hustete der Busfahrer in das Mikrophon. „Entschuldigung!", sagte er, als er fertig war mit Husten. „Hier ist es. Wir sind da."

Alle rutschten auf ihren Sitzen herum. Köpfe drehten sich hin und her. Tuscheln und Gähnen.

Wir stiegen aus, ich als Vorletzte. Ich sah nach oben zum fahlen[4] Mond, der durch die Baumkronen schien. Halbvoll. Weil es hier so dunkel war, wirkte sein Licht sehr hell. In der Stadt war ein Halbmond keine Lichtquelle. Dort war jede Straßenlaterne ein kleiner Mond. Es nieselte ganz leicht, als würden sich die winzigen Tropfen gar nicht bewegen, als hingen sie einfach in der Luft. Es roch so heftig nach Wald, dass mir komisch wurde. Sonst war ich gerne im Wald, aber Wald war für mich ein Ort, an dem besser Tag war. Ich schnupperte noch einmal in die nasse Luft. Irgendein abartiger Gestank wehte ab und an rüber. Außerdem Brandgeruch.

„Mädels! Bei mir!", rief die Frau[5]. Sie stand im Lichtkegel des Busscheinwerfers. Mit Regenschirm. Wegen der paar Tropfen. Sie konnte kaum eine Faust machen zum Regenschirmhalten, ohne sich mit den langen Fingernägeln beinah die Pulsadern aufzuschlitzen. Über ihrer Schulter hing einer dieser Katzenbeutel[6]. Der klapperte bei jeder Bewegung, zusammen mit den Armreifen.

„Noch mal für alle: Ich bin die Inken, eure Ansprechperson. Ein herzliches Willkommen. Im Namen von mir, dem Team und ...", sie lachte wie ein Seehund, „und natürlich im Namen von Pfiffi."

Neben mir kotzte Mimiko auf den Boden.

Die Inken, immerhin die Ansprechperson, fühlte sich von den Würgegeräuschen nicht angesprochen. Sie redete einfach weiter: „Wir wollten eigentlich mit euch unter freiem Himmel schlafen. Richtig in der Natur. Leider haben wir jetzt nicht so viel Glück mit dem Wetter. Darum haben wir umdisponiert und kommen nun spontan für diese Nacht im Basislager unter. Ich habe auch nur den einen Regenschirm. Leider, leider. Eigentlich braucht ein wildes Mädchen so was ja auch nicht. Oder?"

Die Mädchen hatten sich ihre Kapuzen über die Köpfe gezogen, weil es immer stärker nieselte. Neben mir wischte sich Mimiko den Mund mit einem Taschentuch ab.

Inken schien abzuwarten, ob wir im Chor etwas Zustimmendes rufen würden. Vielleicht: „Ein Pfiffimädchen pfeift auf Regenschirme. Yeah!"

Schweigen im Walde. Zumindest von unserer Seite. Aus dem richtigen Wald kamen alle möglichen Geräusche. Am Boden kroch etwas, in den Büschen hüpfte etwas, flog dann auf und flatterte durch die Wipfel. Kleine Tiere knusperten gezackte Ränder ins Blattwerk, noch kleinere klopften unter der Rinde kurze Nachrichten. Aus dem finsterschwarzen Wald kamen finsterschwarze Geräusche geraschelt, die einen an Wesen glauben ließen, die nicht im Naturführer standen, und wenn, dann im Kapitel Gespenster. Am seltsamsten war ein pfeifendes Geräusch in den Bäumen. Ein hohes Pfeifen und ein tiefes. Das war alles nicht gut, fand ich. Ich sah plötzlich überall zusammengekauerte, schwarz gekleidete Menschen. Wahrscheinlich waren es Büsche. Stand dahinten ein Auto? Es war für einen Busch zu eckig und zu groß. Vielleicht eine Tischtennisplatte.

Ganz in der Nähe rumste es. Ein Mädchen quiekte. Ich zuckte zusammen. Das Mädchen neben mir erschrak über meinen Schreck, und neben ihm erschrak ein weiteres Mädchen über dessen Schreck. Wir alle hatten unterschiedlich hoch gequietscht. Eine Kettenreaktion, die sich anhörte wie ein kurzes Lied.

„Da ist bestimmt nur ein Ast herabgefallen. Benehmt euch nicht wie Hühner und hört auf, hier herumzugackern. Der Wald will nichts von euch. Ihr wollt etwas vom Wald. Merkt euch das", sagte Inken. „Nachher gibt es noch eine kleine Überraschung für euch. Aber ich will nicht zu viel verraten."

Na bitte, dachte ich, dann kommt bestimmt die richtige Gruppenleiterin, eine sportliche Frau, lustig und cool. Ohne Ketten und Armbänder und Fingernägel wie Mordwerkzeuge.

Ich versuchte, mich zu orientieren. Etwa zwanzig Meter neben dem Bus stand eine flache Baracke. Dahinter noch mehr Baracken. Sie sahen im Mondlicht alle leicht grünlich aus, als wären sie aus einem See geborgen und hier zum Trocknen abgestellt worden.

Die Inken gab uns die Aufgabe, die Katzenbeutel aus dem Bus zu holen und danach das Gepäck auszuladen. Neben unseren Taschen lagen noch große grüne, verwaschene Seesäcke. Fünf Stück. Wir legten alles neben den Bus, auf den immer nasser werdenden Sand. Unsere Schritte drückten den nassen Sand in den trocknen darunter.

Bald waren überall helle Abdrücke.

Bald waren alle wieder dunkel geregnet und weg.

Während wir unsere Sachen hinten aus dem Bus holten, war der Busfahrer mit seiner Taschenlampe zwischen den Baracken herumgelaufen. Als er wiederkam, flüsterte er Inken eine Nachricht zu. Die Flüsternachricht gefiel ihr nicht. Sie zischte aufgeregt. Ich konnte nicht viel verstehen. Nur das, was er sagte. „Reg dich nicht so auf. Hast du deine Tablette schon genommen?" Daraufhin wurde ein Reißverschluss aufgeritscht. Am Ende hörte ich seine brüchige Stimme sagen: „Ich bin doch morgen zurück."

Ich drehte schnell meinen Kopf weg, als Inken kam. Sie sah mich komisch an. „Was ist, Charlotte Nowak?" Ohne eine Antwort abzuwarten, wandte sie sich zu den anderen. „Das Gepäck muss untergestellt werden."

Jede nahm ihre Sachen. Im Pulk liefen wir Inken hinterher, als wären wir alle gleich nach dem Schlüpfen auf diese komische Frau geprägt worden. Kaum waren wir einige Meter vom Bus entfernt, hupte dieser genauso heiser wie sein Fahrer und fuhr in den Wald hinein. Das Scheinwerferlicht nahm er mit. Jetzt war mir auch nach Kotzen zumute.

Quelle: Kirsten Fuchs: Mädchenmeute. Rowohlt Verlag, Berlin 2015, S. 17–20.

1 *Survival-Camp:* ein Zeltlager, in dem das Überleben in der Wildnis geübt wird (*survival*, engl.: das Überleben)
2 Smartphones dürfen eigentlich nicht mitgenommen werden.
3 Der Busfahrer ist starker Raucher. Kurz zuvor heißt es im Roman: „Der Schirm seines ehemals weißen Basecaps war gelbgeraucht."
4 *fahl:* blass
5 Sie war den Mädchen bei der Abfahrt als Betreuerin vorgestellt worden.
6 *Katzenbeutel:* Beutel, auf denen Katzen abgebildet sind. Für jede Teilnehmerin gibt es einen solchen Beutel, in dem einige Dinge stecken, die im Camp gebraucht werden. Das ist eine Art Willkommensgruß.

Schreibaufgabe zu M 10

1. **Analysiere** den gegebenen Auszug aus dem Roman „Mädchenmeute" von Kirsten Fuchs.

   Gehe so vor:

   - Schreibe eine **Einleitung**, in der du Textsorte, Titel und Verfasserin nennst und das Thema bestimmst.
   - **Fasse** im Hauptteil zunächst den **Inhalt** des Textes knapp **zusammen**.
   - **Stelle** anschließend **dar**, wie die Ich-Erzählerin die **Ankunft im Camp** wahrnimmt. Gehe dabei auch auf ihre **Gefühle** ein.
   - **Erläutere**, wie die **Betreuerin** dargestellt wird. **Schlussfolgere** daraus, welche **Meinung** die Ich-Erzählerin von dieser Frau entwickelt.
   - **Untersuche** die **Sprache** der Ich-Erzählerin. Stelle einen Zusammenhang zwischen ihrer **Stimmung** und der **Ausdrucksweise** her. (Mögliche Aspekte: Wortwahl, Sprachbilder, Satzbau.)

   Schreibe mindestens 500 Wörter.

2. Da sie kein Smartphone hat, um mit der Außenwelt zu kommunizieren, schreibt Charlotte noch in derselben Nacht einen **Brief an ihre Mutter**. Die hatte sie zu dem Survival-Camp angemeldet. Den Brief will das Mädchen am nächsten Tag dem Busfahrer mitgeben.

   Schreibe diesen Brief, in dem Charlotte ihre Gedanken und Gefühle zum Ausdruck bringt.

M 11: Mascha Kaléko: Chinesische Legende

Hoch auf dem Felsen, abgeschieden
Lebten der Alte und sein Sohn
In stiller Eintracht, wohlzufrieden.
... Da lief den beiden das Pferd davon.

Der Nachbar, nach geraumer Frist,
Kam, den Verlust mitzubeklagen.
Da hörte er den Alten fragen:
„Wer weiß, ob dies ein Unglück ist?"

Und bald darauf, im nahen Walde
Vernahmen sie des Pferdes Tritt:
Das kam und brachte von der Halde[1]
Ein Rudel wilder Rosse mit.

Der Nachbar, schon nach kurzer Frist,
Pries den Gewinn nach Menschenweise[2].
Da lächelte der Alte leise:
„Wer weiß, ob dies ein Glücksfall ist?"

Nun ritt der Sohn die neuen Pferde.
Sie flogen über Stock und Stein,
Ihr Huf berührte kaum die Erde ...
Da stürzte er und brach ein Bein.

Der Nachbar, nach geraumer Frist,
Kam, um das Leid mit ihm zu tragen.
Da hörte er den Alten fragen:
„Wer weiß, ob dies ein Unglück ist?"

Bald dröhnt die Trommel durch die Gassen:
Es ist die Kriegsproklamation[3].
Ein jeder muss das Land verlassen.
– Doch nicht des Alten lahmer Sohn.

王
下
示
天
丙

Quelle: Mascha Kaléko: Chinesische Legende.
Aus: Die paar leuchtenden Jahre. Hg. von Gisela Zoch-Westphal.
© 2003 Deutscher Taschenbuch Verlag, München.
(Erstveröffentlichung 1983)

1 *Halde:* ein Hügel
2 *nach Menschenweise:* nach der Art von Menschen; so wie es Menschen normalerweise tun würden
3 *Kriegsproklamation:* Verkündigung/Ausruf von Krieg

Schreibaufgabe zu M 11

1. **Analysiere** das Gedicht „Chinesische Legende“ von Mascha Kaléko.

   Gehe so vor:

   - Nenne in der **Einleitung** die Textsorte, den Titel, die Dichterin, das Datum der Veröffentlichung und das Thema.
   - **Fasse den Inhalt** des Gedichts **zusammen**. Gib mit deiner Zusammenfassung einen Überblick über das gesamte Geschehen. Äußere dich in dem Zusammenhang auch zu **wichtigen Formmerkmalen** (Anzahl und Länge der Strophen).
   - Gib den **Verlauf der Handlung** im Einzelnen wieder. Gehe dabei auch auf die Reaktionen der beteiligten Personen ein. Beziehe dich auf Textstellen.
   - Beschreibe die **Form** des Gedichts genauer. Gehe auf das **Reimschema** ein und bestimme das **Versmaß**. Äußere dich auch zur **Wirkung** dieser Formmerkmale.
   - Äußere dich zur **Sprache** des Gedichts. Berücksichtige insbesondere die **Wortwahl** und die **Wiederholungen**. Führe geeignete Beispiele an. Äußere dich auch zur **Wirkung** der Sprache.
   - Erläutere den Sinn der **Überschrift**.

   Schreibe mindestens 500 Wörter.

2. Sebastian sagte nach dem Lesen des Textes:
   „Das Ganze spielt in sehr alter Zeit, und zwar am anderen Ende der Welt. Dort herrscht auch Krieg. Was bringt mir so ein Gedicht? Wir leben im 21. Jahrhundert in Deutschland!“

   Nimm begründet Stellung zu Sebastians Aussage. Belege deine Ausführungen am Text.

M 12: Malala Yousafzai

A. Lebensdaten

Geboren	12. Juli 1997, Mingora (Pakistan)
Kindheit bis 2008	• Aufwachsen in intakter Familie • Besuch der Schule • Spielen mit Freundinnen
Veränderungen im Land ab 2007	Übernahme der Macht durch die Taliban[1] → Folgen für Mädchen und Frauen: • Pflicht, in der Öffentlichkeit Burkas (Ganzkörperschleier) zu tragen • Verbot, zu arbeiten und einkaufen zu gehen • Verbot des Schulbesuchs für Mädchen ab acht Jahren • Verbot, zu tanzen und Musik zu hören
Engagement und Aktivitäten ab 2009	• Autorin des Blogs „Gul Makai“ (dt.: Kornblume) für die Webseite der BBC[2] → öffentliche Darstellung des Alltags in Pakistan unter der Herrschaft der Taliban: Unterdrückung von Frauen und Mädchen, Zerstörung von Mädchenschulen, Angst und Terror durch Selbstmordattentate • Auftritte in Fernsehshows und Dokumentationen • Interviews zu den Themen „Bildung“ und „Frauen“
Attentat 2012	• Taliban wollen sie mundtot machen, öffentliche Drohungen gegen Malala • Attentat: Taliban schießen Malala in den Kopf und verletzen sie schwer
Leben nach dem Attentat seit 2012	• Behandlung in einer Fachklinik in Großbritannien • Malala wird wieder gesund und international berühmt • wohnt seit 2013 in Birmingham (Großbritannien) und geht dort zur Schule • Veröffentlichung ihrer Biografie in London (2013) • gilt weltweit als Kämpferin für Freiheit und Bildung
Auszeichnungen und Ehrungen (Auswahl) 2011–2014	• nationaler Malala-Friedenspreis von Pakistan • Mutter-Teresa-Gedächtnispreis für Soziale Gerechtigkeit • internationaler Kinder-Friedenspreis • vom *Time*-Magazin zu einem der 100 einflussreichsten Menschen der Welt gewählt • Einladung zu einer Rede vor den Vereinten Nationen an ihrem 16. Geburtstag • Friedensnobelpreis

1 *Taliban:* eine Gruppe radikaler Islamisten, die in Pakistan einen Gottesstaat errichten wollen
2 *BBC:* ein britischer Radio- und Fernsehsender (Abkürzung für: British Broadcasting Corporation)

B. Malalas Rede vor der UNO[1] (Auszug)

Liebe Freunde, am 9. Oktober 2012 haben die Taliban auf mich geschossen und meine linke Stirn getroffen. Auch auf meine Freunde haben sie geschossen. Sie haben gedacht, dass die Kugeln uns zum Schweigen bringen würden, aber sie sind gescheitert. […]

Ich bin dieselbe Malala. Meine Absichten sind dieselben. Meine Hoffnungen sind dieselben. Und meine Träume sind dieselben. Liebe Schwestern und Brüder, ich bin gegen niemanden, auch bin ich nicht hier, um aus persönlicher Rache gegen die Taliban oder irgendeine andere terroristische Gruppe zu sprechen. Ich bin hier, um meine Meinung zu sagen für das Recht auf Bildung für alle Kinder. […]

Die Extremisten hatten und haben Angst vor Büchern und Stiften. Die Macht der Bildung erschreckt sie. Sie haben Angst vor Frauen. Die Macht der Stimme von Frauen erschreckt sie. […] Und darum zerstören sie täglich Schulen, weil sie Angst haben vor dem Wandel und vor der Gleichberechtigung, die wir unserer Gesellschaft bringen wollen. […]

Wir rufen alle Regierungen auf, Schulpflicht auf der ganzen Welt für alle Kinder zu gewährleisten. Wir rufen alle Regierungen auf, gegen Terrorismus und Gewalt zu kämpfen. Um Kinder vor Brutalität und Schaden zu bewahren. Wir fordern die Industriestaaten auf, den Ausbau der Bildungsmöglichkeiten für Mädchen in den Entwicklungsländern zu unterstützen. Wir rufen alle Gemeinden auf, tolerant zu sein und Vorurteile in Bezug auf Kaste[2], Glaube, Sekte, Hautfarbe, Religion oder Geschlecht abzulehnen und Freiheit und Gleichheit für Frauen sicherzustellen [...].

Quelle: Malala Yousafzai, gehalten am 12.07.2013, übersetzt von Sabine Stampfel; www.kindernetz.de/infonetz/thema/malalarede/-/id=271614/nid=271614/did=286006/a46uoz

1 *UNO:* Abkürzung für „United Nations Organisation"; auf Deutsch: Vereinte Nationen

2 *Kaste:* Gruppe innerhalb der Gesellschaft, entspricht etwa einer sozialen Schicht. Die Einteilung erfolgt strikt, ein Wechsel der Kaste, z. B. durch Heirat, ist nicht möglich. Das Kastensystem ist v. a. in Indien verbreitet und einflussreich, obwohl offiziell abgeschafft.

C. Rezension: Biografie von Malala Yousafzai

Die pakistanische Kinderrechtsaktivistin Malala Yousafzai hat ihre Autobiografie veröffentlicht. [...]

In dem mit der britischen Journalistin Christina Lamb verfassten Buch „Ich bin Malala: Das junge Mädchen, das sich für Bildung eingesetzt hat und auf das die Taliban geschossen haben", schildert sie auch ihr Leben unter den Taliban, die 2007 die Kontrolle über das Swattal im Nordwesten Pakistans übernahmen.

Auch der Moment, als vor einem Jahr Taliban-Kämpfer in ihren Schulbus stiegen und ihr in den Kopf schossen, fehlt nicht. [...]

Die Biografie von Malala Yousafzai ist eine authentische und eindrucksvolle Geschichte. In dem Buch wird ein mutiges und außergewöhnliches Mädchen beschrieben.

Quelle: Mario Bartsch, http://oldenburger-onlinezeitung.de/kultur/rezension-biographie-von-malala-yousafzai

D. „Ich bin Malala" – Auszüge aus dem Buch

S. 172: Ende 2008 verkündete Fazlullahs[1] Stellvertreter [...], dass die Mädchenschulen nun geschlossen würden. Ab dem 15. Januar sei es Mädchen nicht mehr erlaubt, zur Schule zu gehen. Zuerst dachte ich, das sei nur ein Scherz. „Wie können sie uns daran hindern, zur Schule zu gehen?", fragte ich meine Freundinnen. „Das Recht haben sie doch gar nicht. [...]" [...]

Die anderen Mädchen dachten nicht so. „Wer soll sie aufhalten? Sie haben schon Hunderte von Schulen in die Luft gesprengt, und niemand hat etwas dagegen getan."

[...] Obwohl wir Mädchen die Schule liebten, war uns nicht wirklich bewusst gewesen, wie wichtig Bildung war – bis die Taliban versuchten, uns diese zu nehmen. Zur Schule zu gehen, zu lesen, die Hausaufgaben zu machen, das war doch nicht irgendein eitler Zeitvertreib. Es war unsere Zukunft.

[...] Im Winter verschwanden die Taliban gewöhnlich in die Berge, doch sie würden wiederkommen. Was aber auf uns zukam, wussten wir nicht. Wir glaubten, die Schule würde einfach wieder anfangen. Wir dachten, die Taliban vermochten uns unsere Stifte und Bücher zu nehmen, aber nicht unseren Geist. Am Denken würden sie uns nicht hindern können.

S. 189 f.: An jenem Tag[2] kamen wir spät von der Schule nach Hause. Normalerweise fahren wir um ein Uhr mittags los, doch an dem Tag blieben wir bis um drei Uhr nachmittags. [...]

Als ich wieder zu Hause war, weinte ich bitterlich. Ich wollte nicht mit dem Lernen aufhören. Ich war schließlich erst elf Jahre alt.

Es war ein Gefühl, als hätte ich alles verloren. Allen in meiner Klasse hatte ich erzählt, dass die Taliban ihre Drohungen nicht wahrmachen würden – die Menschen reden und reden, und dann tun sie doch nichts, hatte ich gesagt. Aber dann hatten sie ihren Erlass doch in die Tat umgesetzt. Sie hatten unsere Schule geschlossen. Und nun schämte ich mich, so sehr, dass ich mich nicht mehr zusammenreißen konnte. Ich weinte, und meine Mutter weinte auch, nur mein Vater sagte beharrlich: „Du wirst wieder zur Schule gehen."

1 *Fazlullah:* Chef der radikalen Taliban. Er stammt wie Malala aus dem Swat-Tal in Pakistan.

2 *An jenem Tag:* Gemeint ist der letzte Schultag, bevor die Schulen für Mädchen schließen mussten.

S. 191: Die Taliban sind gegen Bildung, weil sie glauben, ein Kind, das Bücher liest oder Englisch lernt oder sich mit Naturwissenschaften auseinandersetzt, würde verwestlicht werden. Ich hielt dagegen: „Bildung ist Bildung. Wir sollten alles lernen und dann selbst entscheiden, welchen Weg wir einschlagen." Bildung ist weder islamisch noch westlich, Bildung ist menschlich.

Quelle: Malala Yousafzai mit Christina Lamb: Ich bin Malala. Das Mädchen, das die Taliban erschießen wollten, weil es für das Recht auf Bildung kämpft. Übersetzt von Sabine Längsfeld, Margarete Längsfeld, Elisabeth Liebl. Droemer Verlag 2013, S. 172, 189 f., 191.

E. Malalas Buch wird in Pakistan aus Schulen verbannt

In Pakistan ist die Autobiografie der 16-jährigen Menschenrechtlerin Malala Yousafzai aus dem Unterricht von 40 000 Privatschulen verbannt worden. Malala repräsentiere den Westen, nicht Pakistan, sagte Adeeb Javedani, Vorsitzender des Privatschulen-Verbundes zu der Entscheidung. [...]

Kashif Mirza, der Vorsitzende der landesweiten Vereinigung der pakistanischen Privatschulen, sagte, Malala sei ein Vorbild für Kinder gewesen, aber dieses Buch habe sie strittig gemacht. „Durch das Buch ist sie ein Werkzeug westlicher Mächte geworden", sagte Mirza. Zudem zeige die Autobiografie nicht genug Respekt für den Islam [...].

Quelle: vks/AP, Spiegel Online, 10.11.2013; www.spiegel.de/politik/ausland/malalas-buch-ich-bin-malala-aus-schulen-in-pakistan-verbannt-a-932825.html

Schreibaufgabe zu M 12

Zum internationalen Tag der Menschenrechte, dem 10. Dezember, will eure Klasse ein **Info-Heft** erstellen, das an alle Schüler eurer Schule verteilt werden soll. Jeder soll eine Persönlichkeit vorstellen, die sich in besonderer Weise für Freiheit, Gleichheit und Gerechtigkeit eingesetzt hat. Du hast dich dafür entschieden, einen Beitrag über **Malala Yousafzai** zu verfassen.

Verfasse auf der Grundlage der Materialien A bis E einen **informierenden Text** über Malala Yousafzai.

Hinweis: Schreibe nicht einfach aus den Materialien ab, sondern achte auf eine eigenständige Darstellung in einem zusammenhängenden Text.

Gehe so vor:

- Formuliere eine passende **Überschrift** für deinen Text.
- Schreibe eine **Einleitung**, in der du Malala Yousafzai kurz **vorstellst**. Nenne ihren Geburtsort, ihren jetzigen Wohnort und äußere dich knapp dazu, weshalb das Mädchen Berühmtheit erlangt hat.
- **Erkläre**, wie die Machtübernahme durch die Taliban ihr Leben verändert hat.
- **Stelle dar**, welche Ziele Malala verfolgt und welche Aktivitäten sie unternommen hat, um diesen Zielen näher zu kommen.
- **Nenne** einige Auszeichnungen und Ehrungen, die sie erhalten hat.
- **Schlussfolgere** anhand der Materialien, weshalb Malala so engagiert ist und auch nach dem Attentat an ihren Zielen festhält.
- Runde deinen Text durch ein **begründetes Urteil** über Malala ab.
- Notiere unterhalb deines Aufsatzes die von dir genutzten **Materialien**.

Schreibe mindestens 500 Wörter.

M 13: Plastikmüll

A. Generation Plastik?

Der erste Kunststoff, der als Ersatz für andere Stoffe diente, war die Milch des Kautschukbaums. Die Maya benutzten Kleidungsstücke und die ersten Kunststoffbehälter aus Kautschuk. Mitte des 19. Jahrhunderts gelang es durch Vulkanisation, Gummi aus Kautschuk herzustellen. In dieser Zeit wurde auch das Bakelit entwickelt, der erste in großen Mengen industriell hergestellte Kunststoff. Mitte des 20. Jahrhunderts begann der Siegeszug der Kunststoffe mit einer jährlichen Produktion von einer Million Tonnen. Heute werden weltweit pro Jahr etwa 240 Millionen Tonnen erzeugt.

Kunststoff wird aus organischen Stoffen hergestellt. Der heute am meisten genutzte Grundstoff ist Erdöl. [...] Durch seine technischen Eigenschaften, wie chemische Beständigkeit, Formbarkeit, Elastizität oder das geringe Gewicht, eroberte der Kunststoff viele Einsatzgebiete. Vor allem setzten sich Kunststoffbehälter durch die, im Vergleich zu anderen Materialien, äußerst günstigen Produktionskosten durch. [...]

Die meisten Kunststoffbehälter werden in der Lebensmittelindustrie genutzt. [...] Kunststoffbehälter als Lebensmittelverpackungen schützen vor Schmutz und Keimen. [...]

Quelle: Ingo Scheuermann; www.plastic-planet.at/generation-plastik-eine-uebersicht/#more-79 (aus didaktischen Gründen gekürzt und leicht verändert)

B. Das Plastikproblem

Jedes einzelne Stück Plastik, das jemals produziert wurde, existiert noch heute auf Erden. Es ist sicher nicht mehr am selben Ort und wahrscheinlich nicht mehr wiederzuerkennen, aber es ist gewiss noch da, nur nicht sichtbar für die meisten von uns. [...]

Wie viel Plastik produzieren und verbrauchen wir?

Seit seiner Erfindung in den 1950er Jahren steigt die Produktion von Plastik fast exponentiell[1] an. [...] Der Großteil wird für Einmalprodukte verwendet [...], anstatt für eine nachhaltige Produktion.

Plastikprodukte in allen Formen gibt es heute rund um den Globus. Während jeder Mensch im Durchschnitt 45 Kilogramm Plastik pro Jahr nutzt, gibt es jedoch gravierende Unterschiede zwischen einzelnen Regionen. Mit einem Anteil von 26 Prozent mag China der größte Plastikproduzent sein, den größten Verbrauch hat jedoch das Nachbarland Japan. [...]

Was passiert mit dem Plastikmüll?

Je nach Land landen rund 22 Prozent bis 43 Prozent des Plastikabfalls auf der Müllhalde. [...] Dem Großverbraucher Japan etwa muss man zugutehalten, dass es mit 77 Prozent eine der weltweit höchsten Recycling-Raten hat. So viel recyceln bei weitem nicht alle Länder: Die Europäische Union, die sonst bei Umweltaspekten oft Vorreiter ist, recycelt nur 26 Prozent ihres Plastikabfalls. [...]

Quelle: Gianna-Carina Grün, 30.12.2016; www.dw.com/de/sechs-daten-visualisierungen-erkl%C3%A4ren-das-plastikproblem/a-36864612

1 *exponentiell:* Begriff aus der Mathematik. Gemeint ist, dass die Produktion von Plastik immer schneller ansteigt.

C. Unsere Ozeane versinken im Plastikmüll

Im Nordpazifik treibt seit Jahrzehnten ein Müllstrudel, der mittlerweile so groß ist wie Zentraleuropa. Strände unbewohnter Inseln versinken geradezu im Müll. Und auch direkt vor unserer Haustüre, in der Nordsee beispielsweise, sind Plastikabfälle eine allgegenwärtige Gefahr für Fische, Vögel und Meeressäuger. [...]

Drei Viertel des Meeresmülls besteht aus Plastik. [...] Zunächst zerfällt es lediglich in immer kleinere und kleinere Partikel. Wenn wir heute barfuß einen Strand entlang laufen, haben wir neben den Sandkörnern meist auch viele feine Plastikteilchen unter den Füßen.

Im Meer sind gerade diese kleinen Partikel ein großes Problem, da sie von den Meerestieren mit Plankton[1] verwechselt werden. [...] Mikropartikel, kleiner als ein Millimeter, gelangen problemlos in die Körper von Meerestieren und durch deren Verzehr auch in den menschlichen Organismus.

Quelle: WWF Deutschland; www.wwf.de/themen-projekte/meere-kuesten/unsere-ozeane-versinken-im-plastikmuell

1 *Plankton:* tierische und pflanzliche Kleinorganismen im Wasser, die die Nahrungsgrundlage für größere im Wasser lebende Tiere sind

D. Plastikmüll im Meer (in Millionen Tonnen)

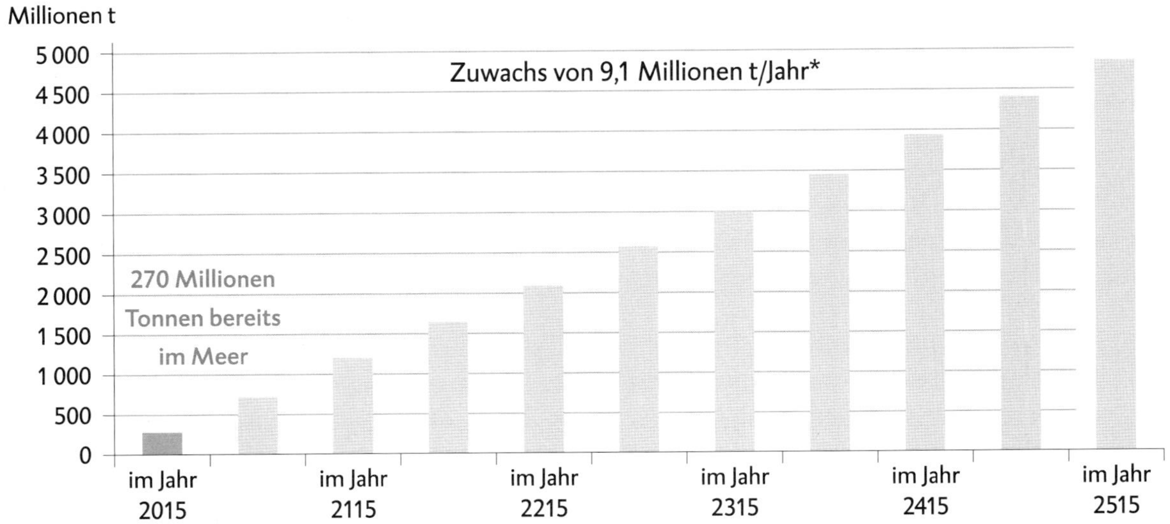

** Schätzung basierend auf: Studie der University of Georgia für das Jahr 2015 unter Minimalannahme eines linearen Zuwachses*

Quelle: © BNN e. V.

E. Gibt es heute wieder Plastik zu essen?

Plastik hat fatale Folgen für die Umwelt. Tiere wie z. B. Schildkröten, Delfine und Vögel verhängen sich im Plastik und verenden qualvoll oder verwechseln es mit Nahrung und sterben durch den Verzehr. Laut Umweltschutzorganisationen sterben jährlich bis zu 1 000 000 Seevögel und 100 000 Meeressäuger durch den Konsum unserer weggeworfenen Kunststoffe.

Plastik hat auch fatale Auswirkungen für uns Menschen. Kunststoffe werden meist aus Rohbenzin gewonnen. Weichmacher, Stabilisatoren, Farbmittel, Füllstoffe, Verstärkungsmittel, Flammschutzmittel oder Antistatikmittel werden dann noch ergänzt.

Plastik verschwindet daher nicht, es baut sich auch nicht ab, sondern es zerfällt in kleine Teile, in Mikroplastik. Es handelt sich um Plastik-Teilchen, die kleiner als 5 Millimeter sind. So wird das Plastik im Meer Fischnahrung und damit unsere Nahrung. In Nordsee-Fischen und Langusten wurde bereits Mikroplastik nachgewiesen, in Gegenden, wo im Vergleich eher wenig Plastik zu finden ist.

Mikroplastik ist aber nicht nur in Fischen, sondern auch bereits im Wasser oder in Lebensmitteln wie Honig und Milch zu finden.

Wissenschaftler warnen, dass die Chemikalien in den Kunststoffen gravierende Gesundheitsschäden verursachen: von Allergien und Fettleibigkeit bis hin zu Unfruchtbarkeit, Krebs und Herzerkrankungen.

Damit nicht genug. Mikroplastik saugt Schadstoffe, z. B. Weichmacher, das als krebserregend geltende PCB oder das Insektizid DDT, wie ein Schwamm auf. Wir essen damit nicht nur Plastik, sondern nehmen ergänzend auch vermehrt Schadstoffe auf.

Und wer war es?

Nur ungefähr 20 Minuten nutzen wir durchschnittlich eine Plastiktüte. Unsere Plastik-Nutzung ist damit ein Symbol für unsere Wegwerfkultur.

Die wesentlichen Treiber[1] für den Plastik-Müll:

1. Durchschnittlich werden in Deutschland jährlich 71 Plastiktüten pro Person benutzt. In Ost- und Südeuropa ist die Nutzung deutlich höher.
2. Verpackungen aus Plastik sind in der Nutzung enorm angestiegen. In Deutschland hat sich die Kunststoff-Abfallmenge von 1994 bis 2011 von 2,8 auf circa 5,5 Mio. Tonnen pro Jahr beinahe verdoppelt.
3. 90 % des Plastik-Mülls wird in Deutschland gesammelt. Davon werden allerdings nur 41 % werkstofflich genutzt, d. h. als Rohstoff weiter genutzt. Ein Grund für die schwache Wiederverwertung sind auch Mischkunststoffe, wie z. B. Chipstüten, Zahnpastatuben.
4. Der Einsatz von Mikroplastik in Kosmetika, Seifen, Duschgels, Shampoos und Zahnpasta ist durchaus üblich.

Quelle: Florian Schreckenbach; http://nachhaltig-sein.info/lebensweise/plastik-kunststoff-folgen-mensch-tiere-umwelt-gesundheit (Z. 1–42), http://nachhaltig-sein.info/natur/plastik-kunststoff-verbreitung-meer-deutsche-binnengewasser-infografik (Z. 43–63) (aus didaktischen Gründen gekürzt)

1 Treiber: jemand, der etwas antreibt, verstärkt

F. Cartoon

© *Trumix/toonpool.com*

G. Ende der kostenlosen Plastiktüten

Die Deutschen verbrauchen im Schnitt etwa 70 Plastiktüten pro Jahr und liegen damit weit unter dem EU-Durchschnitt von 198 Stück. Nach dem Willen der EU soll der Verbrauch noch stärker sinken [...]. Ein Schritt in diese Richtung ist die Vereinbarung, die Handelsvertreter sowie das Bundesumweltministerium [...] unterzeichnet haben, nach der Plastiktüten nicht mehr kostenlos abgegeben werden. [...]
Die Vereinbarung gilt für alle Kunststofftragetaschen mit oder ohne Tragegriff, die in den Märkten erhältlich sind. Keine Plastiktüten im Sinne der Vereinbarung sind Tiefkühltragetaschen, Permanenttragetaschen und sehr leichte Plastiktüten (dünner als 15 Mikrometer) – zum Beispiel für Obst und Gemüse.

Quelle: UBA Umweltbundesamt Dessau, 2. 6. 2016; www.umweltbundesamt.de/themen/ende-der-kostenlosen-plastiktueten-fragen-antworten

H. Was können wir gegen die Vermüllung durch Plastik tun?

- Verwenden Sie keine Peelings, Duschgels und Zahnpasten, die Kunststoffe (zum Beispiel Polyethylen) enthalten.
- Werfen Sie Müll nicht achtlos weg, sondern stets in den Mülleimer. Nehmen Sie alles wieder mit, was Sie für den Strandtag oder das Picknick im Freien eingepackt haben.
- Kaufen Sie langlebige Produkte – so schonen Sie wertvolle natürliche Ressourcen und vermeiden Müll.
- Nutzen Sie plastikfreie Verpackungen wie Papiertüten für Brot oder Obst und Gemüse, Mehrwegflaschen oder noch besser Glasflaschen [...] und eigene Textiltragetaschen für den Einkauf.
- Trennen Sie Ihren Müll. Nur so ermöglichen Sie, dass Plastik und andere Stoffe überhaupt recycelt werden können.

Quelle: UBA Umweltbundesamt Dessau, 12. 4. 2017; www.umweltbundesamt.de/themen/wasser/gewaesser/meere/nutzung-belastungen/muell-im-meer

Schreibaufgabe zu M 13

Du hast vor Kurzem einen Film gesehen, in dem gezeigt wurde, welche Probleme **Plastikmüll** verursacht und welche Gefahren er mit sich bringt. Daraufhin hast du angefangen, dich genauer mit diesem Thema zu befassen. Bei deinen Recherchen im Internet bist du auf viele Materialien gestoßen, die dir deutlich gemacht haben, wie ernst die Lage ist. Nun willst du die wesentlichen Informationen an deine Mitschülerinnen und Mitschüler weitergeben.

Verfasse auf der Grundlage der Materialien A bis H einen **informierenden Text** für die Schülerzeitung zum Thema „**Plastikmüll**".

Hinweis: Schreibe nicht einfach aus den Materialien ab, sondern achte auf eine eigenständige Darstellung in einem zusammenhängenden Text.

Gehe so vor:

- Überlege dir eine passende **Überschrift** und stelle sie deinem Text voran.
- Schreibe eine **Einleitung**, die zum Thema hinführt. Stelle dar, was dich dazu bewegt hat, diesen Artikel zu verfassen, und welches Ziel du damit verfolgst.
- **Erläutere** im **Hauptteil** zunächst kurz, wie sich die **Produktion von Plastik** im Laufe der Zeit **entwickelt** hat, und äußere dich auch über eine mögliche zukünftige Entwicklung.
- **Erkläre** ausführlich, welche **Probleme** der wachsende Berg an Plastikmüll mit sich bringt.
- **Schlussfolgere** anhand der Materialien, wie dem wachsenden Verbrauch von Plastik entgegengewirkt werden kann. Stelle auch **eigene Überlegungen** dazu an.
- **Beschließe** deinen Text mit einem **Appell** an deine Leserinnen und Leser. Fordere sie dazu auf, künftig weniger Plastik zu verbrauchen.
- Notiere unterhalb deines Aufsatzes die von dir genutzten **Materialien**.

Schreibe mindestens 500 Wörter.

M 14: Berufswahl

A. Hilfe, ich kann mich nicht entscheiden

Mathe-Lehrer oder Pferdewirt? Oder doch lieber was mit Medien? Wer die Wahl hat, schiebt sie gern auf.

Eine Welt, in der man vom Tellerwäscher zum Bodybuilder und Millionär werden kann, scheint grenzenlos zu sein. Jeder kann alles erreichen, wenn er nur die richtigen Mittel und Wege findet. „Du kannst, wenn du willst", „Finde den Job, der dich glücklich macht" – die Versprechen der Jobexperten sind verlockend. Nur wissen viele gar nicht, was sie glücklich macht. Und so eiern, wenn es um die Berufswahl geht, die meisten [...] herum wie Vierjährige beim ersten Versuch auf dem Fahrrad. [...]

Im Kern liegt unser Luxusproblem in der „Zuvielitis": Sucht man nach Vollzeitstellen speziell für Berufseinsteiger, bietet die Online-Stellenbörse Monster im Einkauf 142, im Vertrieb 616, im Marketing 346, im Controlling 314 und im Personal 364 aktuelle Stellen. Nicht ganz leicht, sich hier zu entscheiden.

Jede Option[1] zu prüfen, kostet Zeit und Nerven. Die Forschung bestätigt, dass Menschen sich desto schwerer und seltener entscheiden, je mehr Optionen zur Auswahl stehen. Das gilt für Konsumgüter, Dienstleistungen, Jobs. [...] Wer die Wahl hat, schiebt diese gern auf. Gerade junge Menschen möchten keine falschen Entscheidungen treffen und sich alle Optionen offenhalten. Bis sie zum Schluss froh sind, überhaupt noch etwas zu finden. [...]

Eine Jobwahl provoziert innere Konflikte: Job A bietet ein tolles Gehalt und gute Aufstiegschancen. Doch die Firma liegt in der Pampa und die starre Hierarchie[2] ist nicht zu übersehen. Job B bietet ein tolles Team, eine vielfältige Aufgabe und liegt im Zentrum Ihrer Lieblingsstadt. Der Wermutstropfen ist die magere Bezahlung. Die Frage ist nun, wie viel Schmerzensgeld Job A bieten muss, um B auszustechen. Doch die Präferenzen[3] ändern sich. An einem Tag scheint die Lage der Firma wichtig zu sein, am anderen sind es die Aufstiegschancen. Und oft gibt es auch noch Option C, D oder E. [...]

Selbst wenn kein konkretes Angebot auf dem Tisch liegt, wiegt die Frage „Was wäre wenn ...?" schwer. Gern vergleicht man all die Vorteile der nicht gewählten Optionen und stellt diese den Nachteilen der eigenen Wahl in Rechnung. Schlimmstenfalls hat jede Option einen Haken – und kein Job scheint mehr wirklich attraktiv zu sein. Was tun wir? Weitersuchen. [...]

Vielleicht ist es auch gar nicht so wichtig, wie wir uns entscheiden, sondern nur, dass wir uns überhaupt entscheiden. Sonst geht es uns wie Buridans Esel, der vor zwei großen, saftigen Heuhaufen stand. Beide schienen lecker, und der Esel schwankte immer zwischen den beiden attraktiven Optionen hin und her. Er konnte sich einfach nicht entscheiden, welchen er fressen wollte. So lange, bis er verhungerte.

Quelle: Martin Krengel, 8. 1. 2014; www.spiegel.de/karriere/entscheidungshilfe-bei-der-berufswahl-checkliste-fuer-unschluessige-a-942081.html

1 *Option:* Möglichkeit, die zur Auswahl steht
2 *Hierarchie:* Rangfolge, Rangordnung
3 *Präferenz:* Vorliebe

B. Entscheidung für den richtigen Beruf

Bei der Berufswahl stehen drei Fragen im Vordergrund:

- Was kann ich?
- Was will ich?
- Welche Ausbildungsmöglichkeiten gibt es?

Was kann ich?

In den Berufen werden unterschiedliche Anforderungen gestellt. In einem benötigt man Geschicklichkeit, im anderen technisches Verständnis, im dritten Kreativität, im vierten eine robuste Gesundheit, im fünften eine sehr hohe Verantwortungsbereitschaft. In den meisten Berufen benötigt man eine Kombination vieler Fähigkeiten und Begabungen, aber in unterschiedlichen Ausprägungen. Um später im Beruf erfolgreich sein zu können, sollte man die auswählen, die den eigenen Begabungen und Fähigkeiten entgegenkommen.

Was will ich?

Schauen Sie sich in der kommenden Zeit mal ganz bewusst in Ihrem Alltag um. Sie begegnen an etlichen Stellen Menschen, die gerade ihren Beruf ausüben – Busfahrern, Polizistinnen, Verkäufern, Arzthelferinnen, Schornsteinfegern, Lehrerinnen, Fahrradmechanikern, Bankkauffrauen, Buchhändlern, Optikerinnen, Friseuren, Zugbegleiterinnen, Straßenbauern, Ärztinnen, Apothekern usw. Überlegen Sie sich, ob ein solcher Beruf auch für Sie in Frage käme, und wenn nicht, überlegen Sie sich die Gründe, die dagegen sprechen.

Wie und wo erfahre ich etwas über Berufe?

Am meisten erfährt man über einen Beruf, wenn man selbst in den Betrieb geht und sich umschaut, selbst mitarbeitet und die Mitarbeiter interviewt. Das geschieht in fast allen Schulen im Rahmen des Betriebspraktikums. Auch in den Ferien kann man ein Kurzpraktikum machen und so in einen Beruf „hineinschnuppern“.

Wer sich darüber hinaus über Berufe informieren möchte, nutzt am besten das BERUFENET. Das BERUFENET bietet zu etwa 1 800 geregelten Ausbildungsgängen und 4 000 beruflichen Tätigkeiten anschauliche Beschreibungen und Informationen. Über 10 000 Bilder illustrieren berufliche Tätigkeiten, Arbeitsorte und Ausbildungssituationen.

Quelle: Bundesagentur für Arbeit, 20.6.2016; www3.arbeitsagentur.de/web/content/DE/BuergerinnenUndBuerger/ArbeitundBeruf/Berufswahl/index.htm (aus didaktischen Gründen gekürzt)

C. Typische Männer- und Frauenberufe

Auch beim Thema Beruf gilt: Es lebe das Klischee[1]! Doch wer glaubt, dass Frauen immer nur Berufe wählen, die mit Schreibtischarbeit, Kindern oder Putzen zu tun haben, der irrt, selbst, wenn die Sekretärin und Grundschullehrerin als Klischee genauso in den Köpfen der Menschen herumschwirrt wie der männliche Brummi-Fahrer und KFZ-Mechaniker. Doch für welche Berufe entscheiden sich die Geschlechter wirklich?

Typisch Frau

Als typische Mädchenberufe gelten nach wie vor Berufe wie medizinische Fachangestellte, Bürokauffrau, Rechtsanwaltsgehilfin, Friseurin oder Erzieherin. Der Anteil von Frauen bei der Ausbildung in diesen Berufen ist entsprechend groß. Über 80 Prozent der Auszubildenden sind in diesen Berufen weiblich. Trotzdem gibt es in einigen Berufsfeldern eine leichte Zuwanderung männlicher Bewerber. Insbesondere im pädagogischen und erzieherischen Bereich sind männliche Bewerber inzwischen öfter gesehen. In vielen Berufsfeldern ist man sich mittlerweile der Nachteile einer einseitigen Geschlechterpräsenz[2] bewusst. Insbesondere Kleinkinder sollten möglichst früh mit beiden Geschlechtern konfrontiert werden, was im häuslichen Rahmen durch die Scheidungsrate nicht immer gewährleistet ist. Warum die geschlechtsspezifische Durchmischung in vielen Berufen nur zögerlich voranschreitet, hat sicherlich mit den nach wie vor bestehenden Klischees zu tun. Insbesondere Männer müssen sich in ihrem Freundes- und Familienkreis immer noch dafür rechtfertigen, wenn sie einen typisch weiblichen Beruf gewählt haben.

Typisch Mann

Männer arbeiten typischerweise in handwerklichen Berufen. Dazu zählen Berufe wie z. B. Dachdecker, KFZ-Mechaniker, Tiefbaufacharbeiter, Elektroniker oder Glaser. Meist werden diese Berufe an die körperliche Konstitution[3] von Männern gebunden – demnach fällt es Männern leichter, körperlich zu arbeiten. In diesen Ausbildungsberufen liegt der Anteil der Männer entsprechend hoch, bei 80 Prozent. Dennoch strömen immer mehr Frauen in diese typischen Männerberufe. Allerdings gibt es für diese immer noch viele Unsicherheiten, z. B. die Angst, unter den männlichen Kollegen nicht anerkannt zu werden. Für viele Frauen ist es immer noch schwer, sich in den typisch männlichen Berufen zu schlagen. Diese Befürchtungen sind aber meist unbegründet, denn entgegen dem Klischee sind Frauen in Männerberufen meist sehr respektiert und anerkannt.

Quelle: Ideenkraftwerk GmbH; www.ausbildungsanzeigen.de/azubi-faq/gender-typische-maenner-und-frauenberufe.html (gekürzt)

1 *Klischee:* eingefahrene Vorstellung, geprägt durch Vorurteile
2 *Geschlechterpräsenz:* hier: Anteil von Männern und Frauen in bestimmten Berufen
3 *Konstitution:* körperliche Verfassung, Körperbau

D. Jungs in sozialen Berufen

Sechs junge Männer, die sich für einen vermeintlich typischen Frauenberuf ausbilden ließen, äußerten sich zu den Gründen für ihre Berufswahl:

▶ *„Mir gefällt, dass ich mich körperlich anstrengen kann, fast schon wie in einem Handwerksberuf. Ich brauch' Action, und die hast du auf der Intensivstation. Außerdem komme ich beruflich sowieso besser mit Frauen klar!", sagt Krankenpfleger Martin.*

▶ *„Das war vielleicht vor 20 Jahren so, dass Erziehung und Heilerziehungspflege ein reiner Frauenberuf war", meint Heilerziehungspfleger Marc. „Aber heute ist das doch ganz anders. 70 Prozent meiner Freunde machen einen sozialen Beruf."*

▶ *„Jungs in der Kita werden von Männern eher gefördert als von Frauen, sie können sich an ihnen mehr aufreiben und dadurch wachsen", findet Erzieher Oliver.*

▶ *Krankenpfleger Jonathan erklärt: „Als Pfleger schaffst du eine Verbindung zu deinen Patienten. Mit meinem Hobby Fußball geht das bei den männlichen Patienten ganz schnell."*

▶ *„Mein Beruf mag vielleicht ein Frauenberuf sein, aber das ist für mich halb so wild", sagt Hauswirtschafter Thomas. „Mein Freund hat eine Kollegin, die arbeitet wie er als Karosseriebauerin und das ist genauso normal."*

▶ *Krankenpfleger Marcus meint: „Klar ist der Beruf von Frauen dominiert, aber wenn einige Männer auf den Stationen sind, ist das auch sehr angenehm. Das ist eine körperlich sehr anstrengende Arbeit!"*

Quelle: https://karriere.diakonie.de/ueberblick-fuer-den-nachwuchs/tipps-und-infos/jungs-und-maenner (Reihenfolge verändert)

E. Mädchen und MINT

Immer mehr Mädchen und junge Frauen entscheiden sich für einen MINT-Beruf oder -Studiengang. Dennoch wird das Potenzial der gut ausgebildeten jungen Frauen in MINT (Mathematik, Informatik, Naturwissenschaften, Technik) bei Weitem nicht ausgeschöpft und junge Frauen sind in diesen Feldern deutlich unterrepräsentiert[1]. Einer der Gründe dafür liegt darin, dass berufliche Inhalte in den MINT-Berufsfeldern zu wenig bekannt sind. Gerade jungen Frauen ist es jedoch wichtig zu wissen, was hinter der Technik steckt und was sie ganz konkret mit der einen oder anderen Fachrichtung beruflich anfangen können. Zudem orientieren sich junge Frauen in ihrem Berufsfindungsprozess häufig an Rollenstereotypen[2], die den Arbeitsmarkt in „typisch weibliche" und „typisch männliche" Berufe einteilen und Technik mit Männlichkeit koppeln. Ergebnis ist, dass sich Frauen trotz bester Voraussetzungen nicht für einen technischen Beruf entscheiden und die Berufswahl entlang von Rollenstereotypen und nicht auf Basis von Talent und Neigung erfolgt.

Der Verzicht auf das vielfältige Potenzial von Mädchen ist ein großer Verlust für Wirtschaft und Forschung. Eine besondere Bedeutung bekommt dies vor dem Hintergrund des demografischen Wandels[3] und den damit einhergehenden Fachkräfteengpässen in unterschiedlichen MINT-Berufen.

Quelle: Susanne Jakobs-Bohack, zdi Zukunft durch Innovation; www.zdi-portal.de/netzwerk/maedchenfoerderung/

1 *unterrepräsentiert:* unterdurchschnittlich vertreten

2 *(das) Rollenstereotyp:* festgefahrene Vorstellung, Vorurteil in Bezug auf die Aufgaben und Rollen von Männern und Frauen

3 *demografischer Wandel:* gesellschaftliche Veränderung. Gemeint ist hier: Der Anteil der Alten in Deutschland steigt und es gibt immer weniger junge Menschen.

F. Die Top Ten der Ausbildungsberufe

Die nachfolgenden Jobs sind unter Jugendlichen derzeit besonders beliebt:

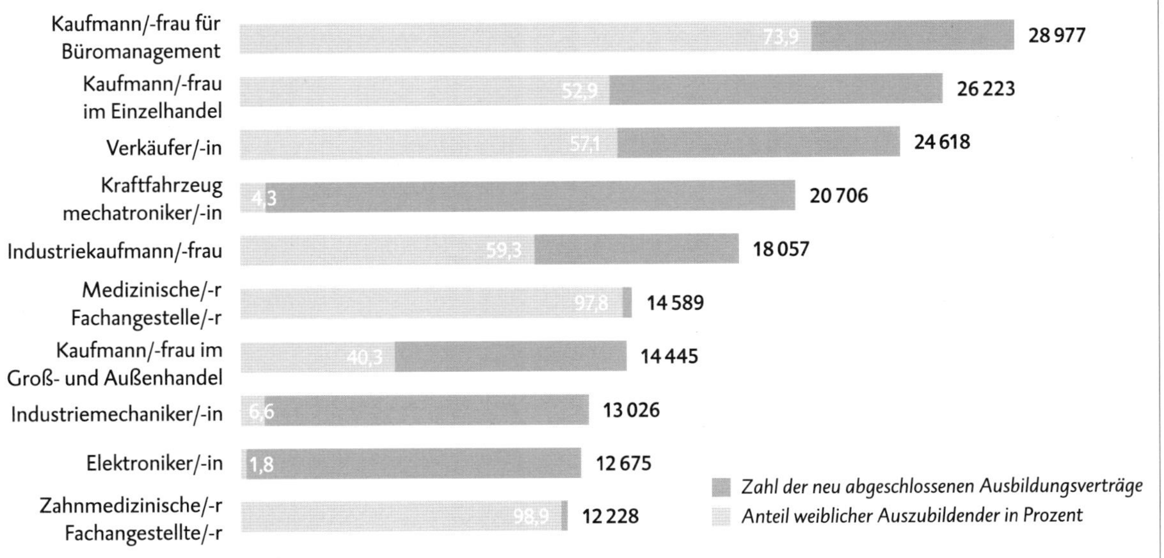

Quelle: Eigene Darstellung nach: BIBB, Bundesinstitut für Berufsbildung, Rangliste 2015 der Ausbildungsberufe nach Anzahl der Neuabschlüsse; https://www.bibb.de/dokumente/pdf/naa309_2015_tab67_0bund.pdf

Schreibaufgabe zu M 14

Viele deiner Mitschüler wissen noch nicht, welchen Beruf sie nach der Schule ergreifen wollen. Deshalb habt ihr in eurer Klasse beschlossen, ein **Info-Heft** zu erstellen, das an alle Schüler des 10. Jahrgangs verteilt werden soll. Darin wollt ihr ein paar Tipps für das Vorgehen bei der Berufswahl geben und außerdem verschiedene Berufe vorstellen. Du hast es übernommen, für den ersten Teil des Heftes einen **einführenden Text** zu verfassen.

Schreibe auf der Grundlage der Materialien A bis F einen **informierenden Text** über das Problem der Berufswahl und über das mögliche Vorgehen dabei.

Gehe so vor:

- Überlege dir eine passende **Überschrift** und stelle sie deinem Text voran.
- **Führe** im **Einleitungsteil** zum Thema **hin**. Du kannst von persönlichen Erfahrungen oder von einem Beispiel ausgehen.
- **Erläutere** im **Hauptteil** zunächst, weshalb es schwierig ist, den richtigen Beruf für sich zu finden.
- **Informiere** darüber, wie man **gezielt vorgehen** kann, um herauszufinden, welcher Beruf am besten zu einem passt.
- **Erkläre**, weshalb es schwierig sein kann, bei der Berufswahl von typischen **Rollenklischees** abzuweichen, und zeige auf, warum dies trotzdem sinnvoll sein kann.
- **Beschließe** deinen Text mit einem **Appell:** Fordere deine Mitschüler auf, sich **rechtzeitig** um die Berufswahl zu kümmern und dabei ihre ganz persönliche Entscheidung zu treffen.
- Notiere unterhalb deines Aufsatzes die von dir genutzten **Materialien**.

Schreibe mindestens 500 Wörter.

M 15: Big Data

A. Tante Emma 2.0 oder Big Data

Erinnern wir uns doch mal an unsere Jugend. In den meisten Fällen gab es da – zumindest bei der Oma – einen kleinen Tante Emma Laden, der häufig Dreh- und Angelpunkt des täglichen Lebens war. Dort traf man sich, tauschte sich aus und bekam – entweder von Tante Emma oder von anderen Kunden – allerlei Neuigkeiten, Tipps für das tägliche Leben, Produktempfehlungen und vieles mehr. Im Prinzip eigentlich „Social Media 1.0". Tante Emma war damals auch deswegen erfolgreich und hatte ein tragfähiges Geschäftsmodell, weil die Mobilität[1] noch nicht in der heutigen Form gegeben war und viele auf Nahversorgung ohne eigenes Auto angewiesen waren. Wie wir alle wissen, nahm die Mobilität gerade während des Wirtschaftswunders[2] enorm zu, viele kauften sich ihr erstes Auto und die ersten Supermärkte – wie man sie heute kennt – wurden aus dem Boden gestampft. Für Tante Emma & Kolleginnen natürlich harte Konkurrenz.

Dennoch hat Tante Emma – im Kleinen – immer noch Erfolg, weil sie genau das bieten kann, was in der Anonymität eines Supermarktes, Discounters oder SB-Warenhauses größtenteils untergeht: Persönlichkeit. Tante Emma kannte und kennt ihre Kunden und deren Vorlieben sowie Besonderheiten. Welche Konserven Herr Maier am liebsten mag, wie viele Brötchen Frau Müller am Samstag benötigt. Sie weiß auch entsprechende Zusammenhänge und kann aus eigener Erfahrung berichten und Empfehlungen abgeben: „Wenn Ihnen der Joghurt zu süß ist, sollten sie mal diesen versuchen."

Mit anderen Worten: Tante Emma machte und macht intuitiv[3] das, was heute – aufgrund der enormen Zunahme an Produkten, Werbebotschaften und generellen Optionen[4] beim Einkauf und der damit zusammenhängenden Explosion der Datenmengen – auch zum Begriff Big Data [...] gehört.

Was aber bedeutet Big Data eigentlich? „Als Big Data werden besonders große Datenmengen bezeichnet, die mit Hilfe von Standard-Datenbanken und Datenmanagement-Tools[5] nicht oder nur unzureichend verarbeitet werden können. Problematisch sind dabei vor allem die Erfassung, die Speicherung, die Suche, Verteilung, Analyse und Visualisierung[6] von großen Datenmengen. Das Volumen dieser Datenmengen geht in die Terabytes, Petabytes und Exabytes[7].

Nach aktuellen Berechnungen verdoppelt sich das weltweite Datenvolumen alle 2 Jahre. [...]

Versuchen wir aber mal, den Bogen zur eingangs erwähnten Tante Emma zu schlagen, die inzwischen in den meisten Fällen von Walmart & Co.[8] abgelöst wurde. Aufgrund der enormen Größenunterschiede sowie der Tatsache, dass inzwischen unterschiedlichste Kanäle „bespielt" werden müssen, funktioniert das, was Tante Emma so erfolgreich gemacht hat und was sie meist einzig in ihrem Kopf hatte, heutzutage nicht mehr. Willkommen in der Welt von Big Data! Beispiel gefällig?

Mit mehr als 200 Millionen Kunden, die jede Woche in die 10 700 Stores[9] [...] in 27 Ländern „einfallen" und in 10 Ländern auch über Webshops einkaufen, kontrolliert Walmart mehr als 1,5 Mio. Kundentransaktionen pro Stunde! Alle dadurch generierten[10] Daten fließen in eine zentrale Datenbank, die aktuell rund 3 Petabyte an Informationen enthält. [...]

Quelle: Josef Willkommer; www.estrategy-magazin.de/tante-emma-20-oder-big-data.html

1 *Mobilität:* Beweglichkeit von Ort zu Ort, insbesondere durch das Auto
2 *Wirtschaftswunder:* Zeit in den 1950/60er-Jahren; nach Ende des Zweiten Weltkriegs lag Deutschland zunächst in Schutt und Asche, danach ging es wirtschaftlich enorm bergauf; das wurde fast als Wunder angesehen.
3 *intuitiv:* aus dem Gefühl heraus (gemeint: ohne Datenanalyse o. Ä.)
4 *Option:* Wahlmöglichkeit
5 *Tool:* Werkzeug (gemeint: Verarbeitung der Daten mithilfe von Rechenoperationen)
6 *Visualisierung:* bildliche Gestaltung, Veranschaulichung
7 *Terabytes, Petabytes, Exabytes:* Maßeinheiten für digitale Datenmengen (1 Terabyte = eintausend Gigabyte, 1 Petabyte = eine Million Gigabyte, 1 Exabyte = eine Milliarde Gigabyte)
8 *Walmart:* weltweit verbreitete US-amerikanische Supermarktkette mit insgesamt mehr als 2 Millionen Angestellten
9 *Store:* Laden, Geschäft
10 *generieren:* (automatisch) erzeugen

B. Risikofaktor Big Data?

Der Fall Edward Snowden[1] kommt Michael Otto nicht gerade gelegen – gelinde gesagt. Handelskunden seien auf einmal viel sensibler für das, was nach dem Einkauf mit ihren Daten passiert, bemerkt der Aufsichtsratschef des Hamburger Versandriesen Otto. Und das muss ihm Sorgen machen: Denn wer heute im Netz oder im Laden etwas kauft, hinterlässt immer mehr Datenspuren – und die sind für den Handel Gold wert.

Sei's die Milch vom Discounter oder das Socken-Abo im Netz – was kauft der Kunde wann, wo und warum? Um ein Bild davon zu bekommen, fügen Handelsunternehmen ein Mosaik[2] aus immer mehr Steinchen zusammen. Der Käufer liefert die Daten-Bausteine, oft ohne darüber nachzudenken: etwa mit seiner Kundenkarte am Ladentisch oder dem Warenkorb am Bildschirm.

„Big Data", das ist eines der Topthemen der Branche. Nach Schätzungen verfünfzigfacht sich die weltweite Datenmenge im Laufe dieses Jahrzehnts. Der Handel – offline wie online – sieht sich vor einer unerschöpflichen Goldmine.

Und jetzt das: „Big Data droht zum Schimpfwort zu werden", klagt Handelsschwergewicht Otto auf dem Deutschen Handelskongress. [...] Otto betont: „Big Data hat nichts mit Geheimdiensten zu tun."

Thomas Storck erklärt, worum es eigentlich geht. „Der Tante-Emma-Ladenbesitzer wusste immer, was seine Kunden wollten." Der Kaufhof-Geschäftsführer erinnert an die Zeit, als Einzelhändler ihre Käufer noch mit Namen kannten. „Er wusste auch, was der Kunde sich nicht leisten konnte, und er kaufte entsprechend ein. Das versuchen wir heute auf den Massenmarkt zu übertragen."

Dafür kombinieren Computer alles, was über einen Käufer erfahrbar ist. Von welcher Seite aus gelangt er in den Online-Shop? Was sucht er dort? Was sieht er an? Was legt er in den Warenkorb, was wieder hinaus und was kauft er? Was kauft er anderswo? Hat die Firma das Datengold nicht selbst, kann sie es bei spezialisierten Händlern kaufen.

Der Handel erhofft sich vielerlei Nutzen: zielgerichtete Werbung für jeden Kunden, stets passende Lagerbestände, bessere Mitarbeiterplanung in Filialen. Die Käufer müssten durch den Angebotsdschungel gelotst werden, sagt Otto. „Der Kunde freut sich, wenn er im Kaufentscheidungsprozess entlastet wird."

Verbraucherschützer sehen es etwas anders. „Big Data" berge ein erhebliches Risiko für den Persönlichkeitsschutz, heißt es beim Bundesverband der Verbraucherzentralen. Meist wüssten die Nutzer nicht, dass ihre Daten weiterverwendet werden.

Auch die Bürger sind skeptisch. Zwar würden drei Viertel ihre persönlichen Daten hergeben, wenn sich damit medizinische Leistungen verbessern lassen, wie eine im Oktober veröffentlichte repräsentative Umfrage für die Telekom ergab. Aber nur jeder Zehnte würde seine Daten für personalisierte Werbung preisgeben. [...]

Quelle: dpa; Online-Ausgabe der Wirtschaftszeitung „Handelsblatt", 21.11.2013; www.handelsblatt.com/unternehmen/handel-dienstleister/goldmine-kundendaten-risikofaktor-big-data-seite-all/9108330-all.html

1 *Edward Snowden:* ein sogenannter Whistleblower (dt.: jemand, der Missstände aufdeckt, Skandale enthüllt) und ehemaliger Mitarbeiter des amerikanischen Geheimdienstes NSA. Er hat die Öffentlichkeit über die weltweiten Überwachungs- und Spionagetechniken v. a. der US-amerikanischen Geheimdienste informiert.

2 *Mosaik:* ein Bild, das aus vielen einzelnen Steinchen zusammengesetzt ist

C. Globales mobiles Datenvolumen

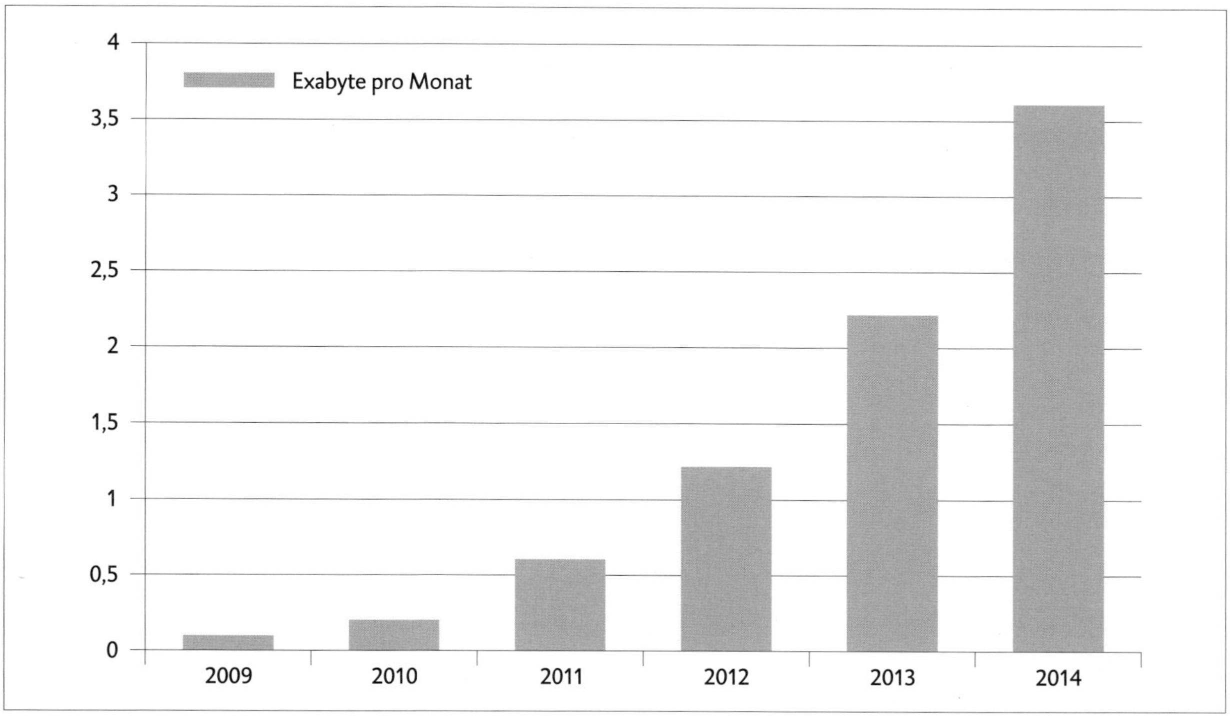

Quelle: Christian Asche, Oliver Anemüller; http://winfwiki.wi-fom.de/images/tmp/f1344658231-696823210.html

Schreibaufgabe zu M 15

Lies zuerst die Materialien, bevor du die Aufgaben bearbeitest. Schreibe zu den Aufgaben 1 und 2 jeweils einen zusammenhängenden Text.

1. Untersuche die Materialien A bis C.

   Gehe so vor:
   - **Benenne** das gemeinsame Thema der Materialien.
   - **Fasse** die Inhalte von A und B jeweils einzeln **zusammen**.
   - **Vergleiche** die Materialien A und B. **Stelle dar**, inwiefern in beiden Materialien unterschiedliche Interessen und Sichtweisen zum Ausdruck kommen.
   - **Beurteile** die künftige Entwicklung. Beziehe dich dabei auch auf das Diagramm (C).

2. Die Schülerin Svenja sagt: „*Am besten meldet man sich bei allen sozialen Netzwerken ab und benutzt keine Kundenkarten mehr. Dann hinterlässt man auch keine Daten.*"

   Nimm begründet **Stellung** zu dieser Äußerung.
   Beziehe dich dabei auch auf die Materialien A bis C.

Schreibe mindestens 600 Wörter.

M 16: Fußball-Fieber

A. Steinzeitmenschen im Stadion

Auszug aus einem Interview mit dem Psychoanalytiker Volker Tschuschke:

Warum hat die allgemeine Begeisterung für Fußball in den vergangenen Jahren so zugenommen?

Daran sind hauptsächlich die Medien schuld. Sie befördern das gemeinschaftliche Element ganz entscheidend. Die Ereignisse kommen direkt ins Wohnzimmer, man wird bereits wochenlang im Voraus mit Informationen überschüttet. Die Meisterschaft bekommt Eventcharakter, da muss man dabei gewesen sein, sonst hat man etwas verpasst. [...]

Aber die meisten treffen sich in der Gruppe, um gemeinsam für das deutsche Team mitzufiebern.

Ja, klar, das ist ganz entscheidend. Das ist die soziale Funktion des Fußballs. Deshalb sind auch die Public Viewings so beliebt. So wie die Fußballmannschaft eine Gemeinschaft bildet, solidarisiert man sich auch in der Zuschauer- beziehungsweise Fangruppe miteinander. Während des Spiels sind alle gleich, man empfindet gleich, man denkt gleich, man hat dasselbe Ziel vor Augen. Das ist ein unheimlich verbindendes Gefühl und sehr elementar[1].

Warum ist das so elementar?

Weil der Mensch nun mal ein soziales Wesen ist. Er braucht die Gemeinschaft fast wie die Luft zum Atmen. [...]

Erklären Sie uns, was sich bei Fußballfans psychologisch betrachtet genau abspielt.

Der Fußball hat ebenso religiösen wie archaischen[2] Charakter. Schauen Sie in andere Länder: Da bekreuzigen sich die Spieler und teilweise auch die Zuschauer vor dem Spiel. Die Rituale der Fans – seien es Gesänge, Symbole oder das Public Viewing – sind zentrale Elemente, die Identifikation[3] schaffen. [...] Dadurch, dass man nie weiß, wie das Spiel ausgeht, bekommt der Fußball etwas Schicksalhaftes, oder, wenn Sie so wollen, Göttliches. Man gibt sich dem Spiel, dem Schicksal, dem Fußballgott hin. Der Fußball befördert etwas, das wir Psychoanalytiker Regression nennen.

Was ist damit gemeint?

Das ist eine emotionale Primitivierung[4] innerhalb der Masse, ein Rückschritt auf ein unreifes Niveau. [...]

Das hört sich an, als würde der Fußballfan zum Tier werden.

Zum Tier vielleicht nicht gerade, aber für die Dauer von 90 Minuten zum Kind. Der Fan sieht die Welt vereinfacht, teilt sie in Gut und Böse ein: Hier sind „wir", da sind „die anderen". Mal ganz abgesehen von der Welt- oder Europameisterschaft: Jedes Wochenende pilgern gestandene Familienväter ins Stadion und lassen den Alltag hinter sich. Sämtliche „erwachsenen" Sorgen, Einschränkungen, Rücksichtnahmen, Abwägungen fallen von einem ab und stattdessen brüllt man sich die Seele aus dem Leib. Das ist für viele sehr entlastend. [...]

Also ist der Fußballfan, wenn schon kein Tier, wenigstens ein Steinzeitmensch?

Auch wenn man es nicht glauben mag, aber wir haben immer noch steinzeitliche Gene in uns [...]. Der Fußball rührt an tief verborgene Bedürfnisse. Dieser archaische Hintergrund sitzt womöglich ganz tief in unseren Genen, anders kann man diese Wucht an Emotionen kaum erklären. Der Sport liefert ein Ventil zum Ablassen von aufgestauten Aggressionen. [...]

Quelle: Volker Tschuschke im Interview mit der Stuttgarter Zeitung, 10. 6. 2012; www.stuttgarter-zeitung.de/inhalt.fussball-leidenschaft-steinzeitmenschen-im-stadion.53042e65-4620-460c-a28f-722b77bbead7.html

1 *elementar:* grundlegend, auch: entsprechend der Natur (hier: des Menschen)
2 *archaisch:* von früher, aus alter Zeit stammend
3 *Identifikation:* hier: das Gefühl der Zusammengehörigkeit in einer Gruppe
4 *Primitivierung:* starke Vereinfachung, hier auch: Rückentwicklung

B. Das Runde muss ins Eckige

Für manch einen hat Fußball eine Bedeutung wie früher die Religion. Tatsächlich ist von „Fußballgöttern“ die Rede, und es gibt Fans, die leben emotional im Grunde fast nur noch mit ihrem Verein. Sie betrauern tief betrübt die vergangene Niederlage, sie fiebern die ganze Woche über dem nächsten Spiel entgegen, all ihr Denken und Fühlen dreht sich um „ihre“ Mannschaft.

Nichts gegen einen spielerischen Umgang mit einem solchen Spiel. Noch der legendäre Bundestrainer Sepp Herberger war für seine humorvollen Kommentare bekannt: „Der Ball ist rund“ und „Das Runde muss ins Eckige“. [...]

Wenn sich beim Fußballfan aber irgendwann alles nur noch um das runde Leder dreht, wenn man nicht mehr humorvoll, sondern bloß noch bierernst über dieses Thema reden kann, wenn die schönste Nebensache der Welt definitiv zur Hauptsache geworden ist, dann ist auch der verwirrte Fußballfan in einer gefälschten Welt gelandet. Manche Ehe ist darüber zerbrochen, manche Karriere versandet, manche Freundschaft hat der Fußball schon ruiniert. Das ist dann nicht mehr lustig. Der Grund ist, dass die tiefsten Gefühle nicht mehr im wirklichen existenziellen Leben stattfinden, sondern in den künstlichen Schlachten auf dem grünen Feld der Ehre. Der Fan leidet höllische Qualen, wenn das entscheidende Tor eben nicht fällt, und er erlebt paradiesische Freuden, wenn der Abstieg vermieden, der Aufstieg gesichert oder gar die Meisterschaft erreicht ist.

[...] Doch für den einzelnen Fußballfan kann die Übertreibung der Begeisterung dazu führen, dass er ganz und gar in der falschen Fußballwelt lebt und dadurch in Wahrheit sein eigentliches Leben verpasst.

Quelle: Manfred Lütz: Bluff! Die Fälschung der Welt. Droemer Verlag, München 2012, S. 131–133.

C. Tödliches Fußballfieber

Im Sommer 2006 herrschte Ausnahmezustand in Deutschland. Fahnen flatterten aus Autos, das Bier wurde knapp und die halbe Nation rottete sich vor Großleinwänden zusammen. Wenn Klinsmanns WM-Mannschaft kickte, beschleunigte sich der nationale Herzschlag, und der Blutdruck stieg – mitunter in lebensbedrohliche Höhen. Für viele Fans endete das Sommermärchen in der Notaufnahme. Das ergab eine Studie, die Wissenschaftler der Münchner Universitätsklinik Großhadern jetzt vorstellten. [...] Das Team um Dr. Ute Wilbert-Lampen wollte wissen, ob emotionaler Stress einen Herzinfarkt oder lebensbedrohliche Herzrhythmusstörungen auslösen kann.

Herzkollaps hoch drei

Die Forscher werteten die Protokolle von 24 Notarztstationen und speziell ausgestatteten Einsatzwagen in und um München aus. Verglichen wurde die Zeit während der Fußball-WM mit den weniger nervenaufreibenden Sommern 2003 und 2005. Das Ergebnis: Die Zahl der Herzinfarkte und Herzrhythmusstörungen stieg während der Spiele dramatisch an. 3,3-mal so viele Männer und immerhin 1,8-mal so viele Frauen riefen während der WM wegen Herzproblemen einen Notarzt.

Dabei ereilten Herzinfarkt und Herzrhythmusstörungen nicht nur die Fans im Stadion, sondern auch jene vor dem heimischen Fernseher. Insgesamt registrierten die Wissenschaftler 302 akute Herzkreislaufvorfälle während der WM. An Tagen, an denen die deutsche Mannschaft spielte, waren es im Schnitt 43,1 pro Tag, an den übrigen WM-Tagen 18,2. An den Tagen aus dem Kontrollzeitraum[1] wurden hingegen im Schnitt nur 14,6 Herznotfälle registriert.

Fußballkrimi nagt an Herzsubstanz

Dabei kam es weniger darauf an, ob die deutsche Mannschaft siegte oder verlor – entscheidend war der Grad der Anspannung. Die meisten Opfer forderten der Fußballkrimi während des Viertelfinales Deutschland gegen Argentinien und das Halbfinalspiel gegen Italien.

Quelle: Christiane Fux; www.netdoktor.de/Magazin/Toedliches-Fussballfieber-9831.html

1 Zeitraum, der als Vergleichsgrundlage dient; hier: Zeitraum, in dem keine Fußballspiele einer Meisterschaft stattfanden

Schreibaufgabe zu M 16

Lies zuerst die Materialien, bevor du die Aufgaben bearbeitest. Schreibe zu den Aufgaben 1 und 2 jeweils einen zusammenhängenden Text.

1. Untersuche die Materialien A bis C.

   Gehe so vor:
   - **Benenne** das gemeinsame Thema der Materialien.
   - **Stelle dar**, wie der Psychoanalytiker Volker Tschuschke (A) die Begeisterung der Fußballfans erklärt.
   - **Fasse** den Inhalt von B und C zusammen.
   - **Vergleiche** die verschiedenen Sichtweisen auf Fußball-Begeisterung in den Materialien A, B und C. Berücksichtige dabei besonders mögliche Folgen und Auswirkungen der Fußball-Leidenschaft.
   - **Bewerte** abschließend kurz die unterschiedlichen Positionen, die in den Materialien A bis C zum Ausdruck kommen.

2. Nimm Stellung zu der Frage, ob Fußball-Begeisterung schädlich ist. Begründe deine Meinung. Beziehe dich dabei auch auf die Materialien A bis C.

Schreibe mindestens 600 Wörter.

LÖSUNGSHEFT

Deutsch 10. Klasse

Zentrale Prüfung

Mittlerer Schulabschluss

STARK

www.stark-verlag.de
1. Auflage 2017

Lösungsvorschläge

Aufgaben zum Leseverstehen von M 1: Tschüss Landleben

1 Füchse, Mauersegler, Waschbären, Wildschweine, Wildkaninchen, Ratten, Tauben

Hinweis: Es genügt, wenn du drei Tierarten nennst.

2

Nummer	Vorteile
3	mehr Sicherheit
4	wärmeres Klima
1	größeres Nahrungsangebot
2	viele Unterkunftsmöglichkeiten

3 Ein Kulturfolger ist ein Tier, das den Menschen dorthin folgt, wo diese leben, also in die Stadt. Dies geschieht, wenn die Nähe zum Menschen dem Tier nützt.

4 a)
- Es gibt auf dem Land zu viele Monokulturen.
- Straßen und andere Verkehrswege zerschneiden die Lebensräume der Tiere.
- Die Städte dehnen sich immer weiter aus.

Hinweis: Vgl. Z. 11, Z. 19 f. und Z. 21 f.

b) Auf dem Land gibt es für die Tiere immer weniger **Lebensraum** und immer weniger **Nahrung**.

5

Aussagen	trifft zu	trifft nicht zu
a) Sie fressen kleinere Tiere, z. B. Mäuse.	☐	☒
b) Sie plündern Mülltonnen.	☒	☐
c) Sie finden pflanzliche Nahrung in Kleingärten.	☒	☐
d) Sie werden von Menschen gefüttert.	☒	☐
e) Sie wühlen in Parks nach Wurzeln.	☐	☒

Hinweis: Bei der ersten und letzten Aussage kann es sich grundsätzlich auch um eine Nahrungsquelle für Stadttiere handeln. Davon steht aber nichts im Text.

6 Die Mülltonnen müssen abgeschlossen werden, weil Waschbären sie sonst öffnen und darin wühlen können.

Hinweis: Vgl. Z. 28 f., auch Z. 26 f.

7 a) Einige Rotkehlchen werden nachtaktiv, um **den Kontakt mit Menschen zu vermeiden**. Kohlmeisen und Nachtigallen singen lauter und schriller, um **den Lärm in der Stadt zu übertönen**.

b) Sie können das Klingeln bzw. die Melodien von Handys nachahmen.

Hinweis: Vgl. Z. 97 f.

8

Aussagen	trifft zu	trifft nicht zu
a) Dort sind viele Parks und Grünflächen.	☒	☐
b) Tiere folgen den Spuren ihrer Artgenossen.	☐	☒
c) Die Berliner sind besonders tierfreundlich.	☐	☒
d) Tiere finden leicht den Weg ins Stadtzentrum.	☒	☐
e) Es gibt viele Möglichkeiten für einen Unterschlupf.	☒	☐
f) Tiere können problemlos an Nahrung gelangen.	☒	☐

9 ☒ Sie kennen die Gefahr durch ihre natürlichen Fressfeinde nicht.

10 Die Tiere haben sich an das Leben in der Stadt gewöhnt und dort ganz andere Verhaltensweisen entwickelt als die Wildtiere. Es kann deshalb sein, dass sie sich nicht mehr mit ihren Artgenossen auf dem Land paaren können. Sie zeugen dann Nachwuchs nur noch mit ihren Artgenossen in der Stadt, sodass sich hier eine spezielle Art herausbildet.

11 Die Population einer Wildtierart müsste zu groß geworden sein.

12 Ein „ausgebüxter Exot“ ist ein Tier, das ursprünglich nicht in Deutschland heimisch ist, sondern aus einem anderen Teil der Welt stammt und bei uns normalerweise nur in Gefangenschaft gehalten wird. Wenn ein solches Tier, z. B. ein Känguru oder ein Zebra, „ausgebüxt" ist, dann ist es aus seinem Käfig oder Gehege ausgerissen.

Hinweis: Denke daran, nicht nur einen der Begriffe, sondern beide zu erklären.

13 In den 1930er-Jahren lebten **nur** zwei Waschbärenpaare in Deutschland. Heute **hingegen** sind die Tiere zu einer echten Plage geworden.

Hinweis: Es soll ein Gegensatz zwischen dem damaligen und dem heutigen Zustand zum Ausdruck kommen.

14 Waschbären geht es hierzulande sehr gut und sie finden sehr viel Nahrung. Infolgedessen vermehren sie sich stark, sodass es inzwischen sehr viele davon gibt. Deshalb ist von einer „Plage" die Rede.

Aufgaben zum Leseverstehen von M 2: Das geht gar nicht!

1 Es geht um ...

[X] einen Kurs zum Erlernen von Benimmregeln im Beruf.

Hinweis: Vgl. Z. 26: Ziel ist das Erlernen von „Stil und Etikette in der Geschäftswelt".

2 Unsicherheit bei der Position der Arme, „gequältes Lächeln", unnatürliche Stimme („quetscht er heraus")

Hinweis: Vgl. Z. 4/5.

3 Worte der Anerkennung

Hinweis: Vgl. Z. 15.

4 **Wann:** Kunde äußert Beschwerden, reklamiert etwas
Warum: Unternehmen will sich das Wohlwollen des Kunden erhalten

5 **Aussagen**

Aussagen	trifft zu	trifft nicht zu
a) Er hat nur zwei WDAs vorgetragen.	X	
b) Er spricht von eigenen Erfahrungen.	X	
c) Er nimmt die Aufgabe nicht ernst.		X
d) Er reagiert unfreundlich.		X
e) Er weiß nicht, was er sagen soll.	X	
f) Er spricht zu leise und nuschelt.		X

Hinweis: a) Vgl. Z. 12 f. und 17 f.; b) Vgl. Z. 11 f.; c) Er ist angespannt und bemüht sich (vgl. Z. 1 f., 9 f.). Das zeigt, dass er die Aufgabe ernst nimmt.; d) Zwar ist Jörg unsicher, aber nicht unfreundlich. Er lächelt, wenn auch gequält (vgl. Z. 5), und er findet positive Worte für den Kunden.; e) Vgl. Z. 13–16. Die Seminarleiterin muss ihm am Ende helfen (vgl. Z. 15 f.).; f) Das steht nicht im Text.

6 Sie sind überwiegend leitende Angestellte in eher kleinen Firmen und haben von sich selbst den Eindruck, dass sie sich mit Benimmregeln nicht auskennen.

Hinweis: „Alle haben das vage Gefühl, von Stil und Etikette eher wenig zu verstehen." (Z. 27 f.)

7 Ein „Fettnapf-Dapper" ist ein Mensch, der sich anderen gegenüber immer wieder unpassend verhält und deshalb unangenehm auffällt.

Hinweis: Die Redewendung „ins Fettnäpfchen treten" bedeutet: sich ungeschickt verhalten. „Dappen" ist süddeutsch für (hinein)treten.

8 **Aussagen**

Aussagen	trifft zu	trifft nicht zu
a) Es passt nicht, dass er Ohrringe trägt.	X	
b) Er hätte andere Ohrringe auswählen sollen.		X
c) Dass er Ohrringe trägt, ist nicht schlimm.		X
d) Er benimmt sich des Öfteren falsch.	X	
e) Er hat in Sachen Benimm noch viel zu lernen.	X	

Hinweis: Zu a) und c): Dass er Ohrringe trägt, wird als der „kleinste Lapsus" (Z. 35) bezeichnet. Also ist es zwar nur ein kleiner Fehler – aber eben doch ein Fehler.
Zu b): Das Tragen von Ohrringen (bei Männern) wird nach den Benimmregeln generell als falsch angesehen. Mit der Art der Ohrringe hat das nichts zu tun.
Zu d): Wenn das Tragen von Ohrringen der kleinste seiner Fehler ist, muss es noch mehr Fehler geben, die er macht, und zwar schlimmere.
Zu e): Da er eine ganze Reihe von Fehlern macht, hat er in Sachen Benimm noch viel zu lernen.

9

Verhalten der Gräfin:	Verhalten, das manche von einer Gräfin erwarten würden:
„Ihr natürlicher Blickwinkel ist die Augenhöhe" (Z. 37 f.)	**Sie schaut auf andere herab und zeigt damit ihre Überlegenheit.**

„ihre Konversation [ist] von stets gleichbleibender Freundlichkeit“ (Z. 38 f.)	**Sie gibt sich eher abweisend und unfreundlich.**
„der Humor kommt ein bisschen durch die Blume, ist jedoch spürbar vorhanden“ (Z. 39 ff.)	**Sie ist immer ernst, hat nichts übrig für Späße.**
„der Tonfall [ist] herzlich bis liebevoll“ (Z. 41)	**Ihre Stimme klingt sachlich, kühl, distanziert.**
„Es umgibt die Gräfin eine Aura tief empfundenen Verständnisses für die Fettnapf-Dapper dieser Welt.“ (Z. 42 f.)	**Sie hat kein Verständnis für Menschen, die sich manchmal ungeschickt verhalten.**

Hinweis: In dieser Aufgabe wird erwartet, dass du das Verhalten der Seminarleiterin im Text mit gängigen Klischees über Adlige vergleichst.

10 Sprachbild: ☒ Metapher
Bedeutung: ☒ Sie sind völlig verunsichert.

Hinweis: Die Aussage ist eine Metapher, sie ist nicht wörtlich zu verstehen. (Die Rede ist vom „gesellschaftlichen Parkett“, also nicht von einem Holzfußboden.) Die anderen Sprachbilder kommen nicht infrage:
Für einen **bildhaften Vergleich** müsste es heißen, dass es für die Teilnehmer so ist, als ob ihnen … wegbricht. Wenn ein **Symbol** vorläge, würde hinter dem Parkett ein tieferer Sinn stecken, es würde als allgemein bekanntes Zeichen für etwas anderes stehen.
Bei einer **Personifikation** würden dem Parkettboden menschliche Eigenschaften oder Verhaltensweisen zugesprochen.

11

Falsches Verhalten	Buchstabe
Man sagt „Guten Appetit“ zu Beginn des Essens.	C
Man sagt „Gesundheit“, nachdem jemand geniest hat.	D
Man sagt „Mahlzeit“ beim Gang in die Kantine.	B
Man sagt „Entschuldigen Sie mich kurz“, wenn man aufsteht, um zur Toilette zu gehen.	A

Hinweis: 1. Zeile: vgl. Z. 48 ff., 2. Zeile: vgl. Z. 50 ff., 3. Zeile: vgl. Z. 52 ff., 4. Zeile: vgl. Z. 54 ff.

12

Nummer	Programmpunkt
3	Stehen im Raum
2	Angemessene Worte beim Essen mit anderen
5	Manieren beim Vier-Gänge-Menü
4	Begrüßungen und Smalltalk
1	Äußern von „WDAs“

Hinweis: Die Reihenfolge entspricht der Darstellung im Text: Mit dem Äußern von „WDAs“ beginnt das Seminar (vgl. Z. 3 ff.); es folgen die angemessenen Worte beim Essen (vgl. Z. 48 ff.), das richtige Stehen (vgl. Z. 62 ff.) und Begrüßungen und Smalltalk (vgl. Z. 83 ff.); zum Schluss wird angedeutet, dass im Rahmen eines großen Menüs Tischmanieren besprochen werden sollen (vgl. Z. 116 f.).

13 Gewicht gleichmäßig auf beide Beine verteilt, Füße 20 cm auseinander und auf den Gesprächspartner zeigend, Schultern zurück, Rücken gerade, Hände etwa in Bauchhöhe

Hinweis: Vgl. Z. 72 ff.

14 ☒ die Frau dem Mann
☒ der Ältere dem Jüngeren
☒ der Chef dem Angestellten

Hinweis: Vgl. Z. 91 f.

15 Sie meint, durch den Benimm-Kurs lernen die Teilnehmer, ihre wahren Gedanken zu verbergen. *Beispiel:* Sie sagen: „Wie schön, dieses Gespräch mit Ihnen geführt zu haben“ (Z. 99 ff.). In Wirklichkeit aber sind sie froh, wenn sie die Unterhaltung endlich beenden können.

Hinweis: „Heucheln“ bedeutet: etwas vortäuschen, sich verstellen, nicht das sagen, was man tatsächlich denkt. Raffiniert ist diese Heuchelei, weil man schwer unterscheiden kann, ob jemand es ehrlich meint oder nicht. Z. B. weiß man nicht, ob die Freundlichkeit einer Person echt ist oder ob sie bloß eine Benimmregel anwendet.

16 Das Sprachbild drückt aus, dass in einer Welt, in der jeder die Benimmregeln befolgt, alle so vorsichtig miteinander umgehen, dass sich niemand verletzt fühlen kann. Deshalb ist die Stimmung ganz harmonisch, aber auch künstlich.

Hinweis: Watte ist weich und leicht und kann als Schutz dienen, z. B. schützt ein wattiertes Kleidungsstück vor Kälte. Dieser Schutz ist gezielt herbeigeführt worden. Das passt zum Anwenden von Benimmregeln: Sie sind wie ein Schutz, denn man kann nirgendwo „anecken“, wenn man sie anwendet. Sie sind aber auch eine bewusste Maßnahme und damit ein Stück weit unnatürlich.

17 Ich finde die Teilnahme an einem solchen Seminar ☒ überflüssig.

Begründung: Wenn man nicht sicher ist, wie man sich richtig benimmt, kann man sich auch ein passendes Buch darüber kaufen. Es gibt in jeder Buchhandlung Bücher über gutes Benehmen. Der Vorteil ist, dass man dann bei Bedarf jederzeit noch einmal hineinschauen kann, um knifflige Benimm-Fragen zu klären.

Hinweis: Hier darfst du deine eigene Meinung ausdrücken. Beide Antworten sind möglich. Wichtig ist, dass du deine Position gut begründest.

Aufgaben zum Leseverstehen von M 3: Die große Freiheit am Mongolischen Meer

1 modern

2 ☒ Sie wohnen im Winter in einem Holzhaus.

3 zwei Betten, eine Kommode, zwei Hocker

4 *Aruul* (Z. 23): ein bei den Mongolen typischer Hartkäse
Gutul (Z. 26): handbestickte Lederstiefel
Deel (Z. 27): ein traditioneller mongolischer Mantel

5 Als Brennmaterial benutzen sie …
☒ Tierkot.

Hinweis: Es heißt, der Vater Batbyamba sammelt „Yakfladen“ für den Ofen (vgl. Z. 19).

6
- Sie wohnen nicht in einer Stadt, sondern in einem Zelt unmittelbar in der Natur.
- Sie leben nah bei ihren Tieren, z. B. ihren Ziegen oder Pferden.
- Sie heizen mit Yakfladen.
- Sie machen Lebensmittel wie Käse selbst.
- Sie filzen selbst Kleidung.

Hinweis: Zwei Nennungen sind ausreichend.

7 ☒ Er unternimmt mit ihnen Wanderungen und Ausritte.

Hinweis: Vgl. Z. 21 f.

8

Aussagen	trifft zu	trifft nicht zu
a) Hühner	☐	☒
b) Ziegen	☒	☐
c) Kühe	☐	☒
d) Schweine	☐	☒
e) Pferde	☒	☐
f) Rentiere	☒	☐

9 Die Mongolei ist so groß wie **Deutschland, Frankreich und Spanien zusammen**.
Der Khuvsgul See ist fünfmal so groß wie **der Bodensee**.

Hinweis: Vgl. Z. 34 f., 40 f.

10

Buchstabe	In der Mongolei
D	Einwohner
B	Flüsse
A	Provinzen
C	Khuvsgul See

11 ☒ Er bietet den größten Wasservorrat des Landes.

12 Das Klima ist hart, denn im Winter wird es so kalt, dass die Gewässer monatelang zugefroren sind.

Hinweis: Für ein raues Klima spricht auch, dass das Nomadenpaar Batbyamba und Narantuya selbst im Sommer in ihrer Jurte mit einem Ofen heizen muss.

13 Alte und schwache Rentiere …
☒ würden die warmen Temperaturen nicht überstehen.

14 a) *das Fell:* zur Herstellung von Jacken und Decken
die Haut: für die Zeltbespannung und die Herstellung von Stiefeln
das Geweih: für Medizin
die Knochen: zur Herstellung von Schmuck

b)
- zur Verpflegung (Milch, Fleisch)
- zum Transport

Hinweis: Vgl. Z. 65–77. Außerdem dient das Rentier als Schamanentier (vgl. Z. 80 f.).

15 Sie wollen Kontakt zu den Geistern herstellen.

16 Der Schamanismus ist für die Mongolen **eine Religion**.
Das Naadam-Fest ist **ein weltliches Fest**.

17

Buchstabe	Handlung
B	die Yaks auf einen anderen Weideplatz treiben
D	mit der Pferdekopfgeige Musik machen
C	die Pferde anbinden
B	Wasser aus dem Wüstenbrunnen holen
A	Käse zum Trocknen auf das Jurtendach legen

Hinweis: Vgl. Z. 130–138.

Aufgaben zum Leseverstehen von M 4: Nazis für fünf Tage

1 Drittes Reich

Hinweis: Vgl. Z. 3.

2 Er konnte ihnen nicht erklären, …

☒ wieso die Deutschen behaupteten, nichts von den Gräueln gewusst zu haben.

Hinweis: Vgl. Z. 5 f.

3 ☒ Horror und Faszination

Hinweis: Vgl. Z. 14 f.

4 Er ist ein ehemaliger Schüler von Ron Jones. Er war bei dem Experiment dabei. Im Nachhinein sieht er sich eher als Beobachter des Ganzen.

Hinweis: Vgl. Z. 19, 95 f.

5 **Aussagen**

	trifft zu	trifft nicht zu
a) Die Unterrichtsmethoden waren bei Mr. Jones anders als bei anderen Lehrern.	☒	☐
b) Mr. Jones war bei den Schülern für seine strengen Methoden gefürchtet.	☐	☒
c) Mr. Jones wollte den Unterricht von Grund auf ändern.	☒	☐
d) Mr. Jones war ein kreativer Lehrer, der ständig neue Ideen hatte.	☒	☐
e) Mr. Jones war ein äußerst unbeliebter Lehrer.	☐	☒
f) Mr. Jones wurde für seine ungewöhnlichen Lehrmethoden kritisiert.	☐	☒

Hinweis: Bekannt war Mr. Jones dafür, dass seine Unterrichtsmethoden ganz anders waren als die anderer Lehrer. Das heißt aber nicht, dass er deswegen kritisiert wurde, unbeliebt oder gefürchtet war.

6 Kumpeltyp

Hinweis: Vgl. Z. 25.

7 **Aussagen**

	trifft zu	trifft nicht zu
a) Normalerweise waren die Schüler unkonzentriert.	☒	☐
b) Der Lehrer sprach seine Schüler sonst nicht im Befehlston an.	☒	☐
c) Seine Ankündigung war für die Schüler keine Überraschung.	☐	☒
d) Der Lehrer weckte eine besondere Erwartungshaltung.	☒	☐
e) Diesmal ging Ron Jones zu weit.	☐	☒

Hinweis: Es stimmt zwar, dass Ron Jones diesmal zu weit ging. Aber das geht aus dem Satz nicht hervor.

8 ☒ Sie sollten ihre Aussagen im Unterricht gut begründen können.

9

+/–	Die Schüler …
–	nehmen ihn ernst.
+	finden sein Vorhaben lächerlich.
+	äußern Protest.
–	passen im Unterricht gut auf.
–	verhalten sich diszipliniert.
–	arbeiten im Unterricht rege mit.
+	fangen an zu grinsen.
–	denunzieren ihre Freunde.

10 Er sagte, die dritte Welle am Strand sei immer die stärkste. Damit wollte er seinen Schülern sagen, dass ihre Bewegung eine ganz besonders starke Bewegung sein würde.

11 Aussagen

Aussagen	trifft zu	trifft nicht zu
a) Der Name der Bewegung erinnert an das Dritte Reich.	☒	☐
b) Die Schüler kannten den Begriff „Drittes Reich" nicht.	☐	☒
c) Die begriffliche Nähe hätte einigen Schülern auffallen müssen.	☒	☐
d) Kein einziger Schüler bemerkte die begriffliche Nähe.	☒	☐
e) Die Schüler interessierten sich nicht für das Dritte Reich.	☐	☒
f) Die meisten Schüler dachten nur an ihren Spaß.	☐	☒

12 Sie sollten damit …

☒ ihre Mitgliedschaft in einer Bewegung anzeigen.

Hinweis: Vgl. Z. 65 f.

13 Nicht nur diejenigen, die eine mit X gekennzeichnete Karte bekommen hatten, fingen an, andere zu denunzieren.

Hinweis: Dass 20 Schüler kamen, um andere zu denunzieren, und nicht nur die drei, die eine entsprechende Karte bekommen hatten, zeigt, was für unmenschliche Auswirkungen diese ‚Sonderaufträge' hatten: Viele Schüler – auch diejenigen, die diesen Auftrag gar nicht hatten – waren offenbar sofort bereit, andere zu verraten, selbst ihre Freunde oder Eltern.

14 Er bekam es mit der Angst, als er merkte, wie viele Schüler bereit waren, andere zu denunzieren.

Hinweis: Vgl. Z. 102–105.

15

S/L	Verhaltensweise
S, L	mit energischer Stimme sprechen
S, L	begeistert sein
L	erstaunt sein
L	Zweifel an der eigenen Rolle bekommen
L	die Bewegung als „Irrsinn" bezeichnen
S	andere denunzieren
S	Disziplin aufbringen
L	die Kontrolle über das Experiment verlieren

16

Nummer	Ereignisse
6	Der Lehrer schaltete den Fernseher ein.
8	Die Schüler warteten geduldig.
5	Ron Jones begrüßte seine Schüler mit dem „Welle"-Gruß.
1	Jones sagte, die „Welle" sei Teil einer nationalen Jugendbewegung.
11	Die Schüler begriffen, dass es keine nationale Jugendbewegung gab.
4	Die Schüler gingen in die Aula und setzten sich auf ihre Plätze.
2	Es hieß, zur Gründung solle eine Kundgebung stattfinden.
10	Die Schüler waren entsetzt.
3	Die Schüler waren begeistert.
9	Die Schüler wurden ungeduldig, Zweifel kamen auf.
12	Das Experiment war beendet.
7	Der Bildschirm blieb leer.

17 Es war den Schülern sehr unangenehm, dass sie sich so hatten manipulieren lassen. Sie mochten nicht einmal darüber reden, weil sie sich dann hätten eingestehen müssen, dass sie sich von ihrem Lehrer dazu hatten anstiften lassen, etwas zu tun, was sie eigentlich gar nicht wollten.

18 Ich stimme Dennis nicht zu. Es ging ja um die Frage, wie es zu erklären ist, dass so viele Deutsche behauptet hatten, nichts von den Gräueltaten der Nazis gewusst zu haben. Statt den Schülern mit Worten eine Antwort zu geben, ließ der Lehrer sie durch ein Experiment erfahren, wie leicht es ist, auf einen „Führer" hereinzufallen. Immerhin waren einige von ihnen bereit gewesen, andere zu denunzieren. So haben die Schüler durch ihr eigenes Handeln die Antwort auf ihre Frage gefunden.

Aufgaben zum Leseverstehen von M 5: Die Mülltaucher

1 Aussagen

Aussagen	trifft zu	trifft nicht zu
a) Es gibt keinen flüssigen Müll.	☐	☒
b) Mülltaucher suchen nur im oberen Bereich der Container nach Lebensmitteln.	☒	☐
c) Für Mülltaucher sind weggeworfene Lebensmittel kein Müll.	☒	☐
d) Mülltaucher tauchen nicht in den Müll ein.	☒	☐
e) Mülltaucher arbeiten ohne jede Ausrüstung.	☐	☒

Hinweis: Auch Getränke, z. B. Buttermilch, werden weggeworfen. Deswegen gibt es durchaus auch Müll, der flüssig ist. Zwar ist dieser meist verpackt, aber die Verpackung kann auch reißen. Dann dringt die Flüssigkeit hindurch.

2 containern

Hinweis: Vgl. Z. 3.

3 Aussagen

Aussagen	trifft zu	trifft nicht zu
a) Er ist selbst kein Mülltaucher.	☒	☐
b) Er begleitet einen Mülltaucher bei der Suche nach Lebensmitteln.	☒	☐
c) Er hilft Till bei der Suche nach Lebensmitteln.	☐	☒
d) Er interviewt später den Pressesprecher einer Supermarktkette.	☒	☐
e) Er findet die Suche nach Lebensmitteln in Mülltonnen eklig.	☐	☒
f) Er will nichts mitnehmen, was aus einer Mülltonne stammt.	☐	☒
g) Er will miterleben, wie Mülltaucher bei der Suche nach Lebensmitteln vorgehen.	☒	☐

4 ☒ Er will seinen „Tourguide“ schützen.

Hinweis: Mülltaucher können bestraft werden. Wenn der „Tourguide“ namentlich bekannt wäre, könnte Strafanzeige gegen ihn erstattet werden.

5

Buchstabe(n)	Dafür braucht er das
A, H	Er findet viele Lebensmittel, die noch genießbar sind.
A, E, F, H	Er muss die gefundenen Lebensmittel nach Hause transportieren können.
G	Er muss manchmal über Zäune klettern.
D	Er sucht nachts nach Lebensmitteln im Müll.
A	Er sortiert die gefundenen Lebensmittel da hinein.
B	Er will die Hände frei haben.
C	Er will sich nicht an Glasscherben verletzen.
D	Manchmal braucht er Licht.
E, G	Zwischen den Supermärkten muss er einige Wege zurücklegen.

6 Die Mülltonnen werden oft geleert.

Hinweis: Nur Lebensmittel, die lange in Mülltonnen liegen, fangen an, einen unangenehmen Duft zu verströmen. Dass die Mülltonnen der Supermärkte öfter geleert werden als normale Hausmülltonnen, steht im Text (vgl. Z. 18 f.).

7 Sie finden gleich mehrere Becher. Diese sind noch verschlossen. Auch sind sie noch mindestens drei Tage haltbar.

Hinweis: Vgl. Z. 23–25.

8 Er will sie den nächsten Mülltauchern übrig lassen.

Hinweis: Vgl. Z. 36 f.

9 Aussagen

Aussagen	trifft zu	trifft nicht zu
a) Sie brauchen etwas zu essen, und die Läden sind schon zu.	☐	☒
b) Sie finden es gut, auf diese Weise Geld zu sparen.	☒	☐
c) Sie wollen Kritik an der Konsumgesellschaft üben.	☒	☐
d) Sie haben nicht genug Geld, um sich Lebensmittel zu kaufen.	☒	☐
e) Sie wollen den Supermarktbetreibern eine Lehre erteilen.	☐	☒
f) Sie wollen auf das Problem der weggeworfenen Lebensmittel aufmerksam machen.	☒	☐

Hinweis: Es gibt zwei mögliche Motive: den Eigennutz (z. B. Geld sparen) und das gesellschaftspolitische Interesse (z. B. auf einen Missstand hinweisen). Das gesellschaftspolitische Interesse richtet sich aber nicht an Einzelpersonen wie z. B. Supermarktbetreiber, sondern an die gesamte Öffentlichkeit.

10 [X] manche Supermarktleiter

Hinweis: Das sind zwar die Worte des Mülltauchers, aber er zitiert damit die Worte von Supermarktleitern. Sie wollen sich mit diesen Worten dafür rechtfertigen, dass so viele Lebensmittel weggeworfen werden.

11 Ein Container-Veganer ist jemand, der tierische Produkte, die er im Müll findet, mitnimmt, obwohl er sie sich nicht kaufen würde. Er sagt sich, wenn er solche Lebensmittel nicht kauft, sorgt er auch nicht dafür, dass deren Produktion gesteigert wird.

12 Diebstahl, Hausfriedensbruch

Hinweis: Vgl. Z. 88–91. Auch Sachbeschädigung kann unter Umständen infrage kommen.

13 Jemand, der aus politischen Gründen im Müll nach Lebensmitteln sucht, kritisiert, dass <u>so viele Lebensmittel weggeworfen werden</u>. Aber wenn <u>kein Essen weggeworfen würde</u>/<u>niemand Essen wegwerfen würde</u>, könnte er in den Mülltonnen keine Lebensmittel mehr finden.

14 Zunächst zeigt sich seine Sympathie darin, dass er sich überhaupt für die Mülltaucher und ihre Touren interessiert. Außerdem sagt er einmal, in ihm würde „Abenteuerlust" (Z. 104) hochkommen. Darüber hinaus bezeichnet er die Tour an einer Stelle als „Safari" und „Schatzsuche" (Z. 100 f.). All das zeigt, dass er mit den Mülltauchern sympathisiert.

15

Nummer	Lebensmittel
3	Fleisch
2	Gemüse/Obst
1	Getreide
4	Milch

16 Weggeworfen wird am meisten …

	Getreide	Obst/Gemüse	Fleisch	Milch
a) bei der landwirtschaftlichen Erzeugung	[ ]	[X]	[ ]	[ ]
b) bei der Erstbearbeitung/Lagerung	[ ]	[X]	[ ]	[ ]
c) bei der Weiterverarbeitung/Verpackung	[X]	[ ]	[X]	[ ]
d) bei der Lieferung in den Handel	[ ]	[X]	[ ]	[ ]
e) bei den Verbrauchern	[X]	[ ]	[ ]	[ ]

17 Ich finde, Paula hat recht: Der Pressesprecher ist verlogen. Er behauptet, in Container würden nur Lebensmittel gelangen, die schnell verderben. Aber Till findet z. B. auch Buttermilch, die noch mehrere Tage haltbar ist. Außerdem tut der Sprecher so, als fühle er sich für die Gesundheit der Mülltaucher verantwortlich, und erklärt dann, dass das Mülltauchen deshalb gesetzlich verboten sei („illegal", Z. 88). Die Gesetze dienen aber nicht der Gesundheit der Mülltaucher, sondern dem Schutz der Supermärkte.

Aufgaben zum Leseverstehen von M 6: Melinda Nadj Abonji „Tauben fliegen auf"

1 Es ist sonnig und heiß.

Hinweis: Vgl. Z. 1 f.

2 Die Kinder: Sie falten Girlanden als Schmuck für das Festzelt und hängen sie auf.
Die Frauen: Sie kochen das Festessen.
Die Männer: Sie hängen Lichter auf.

Hinweis: Zwar äußert sich nur Tante Manci zu ihren Kochkünsten, bei der Fülle der Gerichte ist aber anzunehmen, dass andere Frauen sie beim Vorbereiten des üppigen Festmahls unterstützt haben.

3

Person	Gefühl
L	Ernsthaftigkeit
L	Stolz
L, I	Überlegenheit
I	Unsicherheit
I	Verachtung
L	Vorfreude

Hinweis: Lujza zeigt **Ernsthaftigkeit** (vgl. Z. 6 f.), **Stolz** (vgl. Z. 31 f.) und **Vorfreude** (vgl. Z. 16 f., Z. 25, 31 ff.). Die Ich-Erzählerin ist **unsicher**, weil sie nicht weiß, wie man den Girlandenschmuck anfertigt, und sich dabei ungeschickt anstellt (vgl. Z. 5 ff.). Zugleich ist sie gegenüber

ihrer Cousine **verächtlich**, was sich zum einen daran zeigt, wie sie sie beschreibt („schwitzende Wurstfinger", Z. 9; „Flaschenbodenbrille", Z. 16), und zum anderen daran, dass sie sie für rückständig hält, da sie „die wirkliche Aufregung" (Z. 33) nicht kenne und „wahrscheinlich noch nie in ihrem Leben ein richtiges Schaufenster gesehen" habe (Z. 35 ff.).
Überlegenheit empfinden beide Mädchen: Lujza, weil sie so geschickt beim Anfertigen des Schmuckes ist und genau weiß, wie das Fest ablaufen wird, und die Ich-Erzählerin, weil sie in der Schweiz lebt und meint, dort sei alles viel fortschrittlicher als in ihrem Heimatdorf. Auch hält sie Lujza für naiv (vgl. Z. 38 f.).

4 Sie hält Menschen, die im Westen leben, für sehr tüchtig und glaubt, die würden alles können.

Hinweis: Vgl. Z. 13 f.

5 ☒ Sie wollen nicht verstanden werden.

Hinweis: Vgl. Z. 14 ff.

6

Aussagen	trifft zu	trifft nicht zu
a) Beim Falten der Girlanden ist die Ich-Erzählerin ungeschickt.	☒	☐
b) Lujza hilft den Mädchen nicht beim Herstellen der Girlanden.	☐	☒
c) Die Ich-Erzählerin und ihre Schwester lästern über Lujza.	☒	☐
d) Die Ich-Erzählerin schämt sich für Lujza.	☐	☒
e) Die Ich-Erzählerin empfindet ihre alte Heimat als fremd.	☒	☐

Hinweis: a) Z. 5 f.; b) Z. 6–12: Sie zeigt es ihnen.; c) Z. 15 f.; d) Sie findet Lujzas Verhalten zwar peinlich, aber sie schämt sich nicht für sie (Z. 31 f.: „fast").; e) Sie fühlt sich nicht zugehörig; das zeigt sich z. B. darin, dass sie sich mit ihrer Schwester abseits setzt (vgl. Z. 39).

7 Sie spricht von „Lujza, die die Leiter hinauffliegt" (Z. 23), und von ihren „flinken Handbewegungen" (Z. 24). Folglich sieht sie, dass Lujza schnell und geschickt ist. Auch wenn sie es nicht zugeben möchte, bewundert sie Lujza vielleicht sogar ein bisschen dafür.

Hinweis: Weitere mögliche Textbelege sind Z. 6 f. und Z. 8–12.

8 Die Ich-Erzählerin meint das …

☒ nicht ernst.

Beleg: Sie zwinkert ihrer Schwester zu, und die beiden Mädchen drücken ihre Knie gegeneinander (vgl. Z. 19 f.).

Hinweis: Wenn jemand einem anderen zuzwinkert, zeigt er damit, dass er sich wie ein Komplize mit ihm im Bunde fühlt. Dadurch werden andere zugleich ausgeschlossen.

9 a) Sie ändert ihr Urteil, als das Zelt fertig geschmückt ist.

b) Am Anfang hat sie gedacht, das geschmückte Zelt würde **primitiv** aussehen. Am Ende findet sie, dass es **festlich** aussieht.

Hinweis: Dass sie das Festzelt plötzlich schön findet, zeigt die Aussage, dass sie und ihre Schwester verstummen, als es fertiggestellt ist und alle Lichter brennen (vgl. Z. 42 ff.).

10 Vielleicht staunen sie über die schicke Kleidung der Familie. Man darf auch nicht vergessen, dass sie sie lange nicht gesehen haben, und vielleicht wundern sie sich darüber, wie sehr sich die Mädchen verändert haben.

Hinweis: Wenn jemand unerwartet mit einer Aktivität aufhört, dann zeigt das, dass er seine Aufmerksamkeit plötzlich auf etwas anderes richtet. In diesem Fall hören die Gäste auf zu essen, weil die Familie aus der Schweiz das Zelt betritt. Du musst dich also fragen, warum deren Erscheinen sie vom Essen ablenkt.

11 Die Ich-Erzählerin hat das Gefühl, dass sie und ihre Familie auf die anderen Hochzeitsgäste wie eine Gruppe Fremder wirken. Sie befürchtet, sie würden ihnen womöglich die unbeschwerte Freude am Feiern nehmen.

Hinweis: Sie hat das Gefühl, sie und ihre Familie würden die anderen stören. Das merkt man an der Art und Weise, wie sie deren Reaktion auf ihr Erscheinen am Anfang beschreibt (vgl. Z. 59 – 61).

12 ☒ Sie ist überwältigt, dass es eine solche Fülle von Speisen gibt.

Hinweis: Dass sie das Speisenaufgebot bewundert, erkennst du an der positiven Wortwahl an dieser Stelle: „beeindruckend" (Z. 70), „großartig" (Z. 74), „unwiderstehlich" (Z. 89).

13
- „‚[…] derjenige, der das Hirn kriegt, wird so gescheit sein wie Einstein!', so ruft man sich zu […]" (Z. 71 f.)
- „[…] die Musiker singen, und alle singen mit […]" (Z. 83)

Hinweis: Die Äußerung, „derjenige, der das Hirn kriegt", werde „so gescheit sein wie Einstein", zeugt von Fröhlichkeit und Übermut. Und wenn alle mitsingen, zeigt das auch, dass sie ausgelassen und fröhlich sind.

14 Aussagen

Aussagen	trifft zu	trifft nicht zu
a) Die Gäste sind alle fröhlich.	☒	☐
b) Sie wollen von den Schweizer Verwandten ablenken.	☐	☒
c) Sie haben keinen Hunger mehr.	☐	☒
d) Sie fühlen sich miteinander verbunden.	☒	☐
e) Sie haben keine Musikanlage.	☐	☒

Hinweis: Zu a): Die Hochzeitsgäste sind vom Essen begeistert (vgl. Z. 70, 74), sie lachen und scherzen (vgl. Z. 86 f., 92).
Zu b) und d): Die Schweizer Verwandten sind Teil der Hochzeitsgesellschaft geworden (vgl. Z. 65–68); sie singen auch mit („alle singen mit", Z. 83). Deshalb kann das Singen nicht dazu dienen, von ihnen abzulenken.
Zu c): Sie essen nach dem Singen noch weiter (vgl. Z. 85 ff.).
Zu e): Dann wäre das Singen eine Notlösung. Davon ist aber nicht auszugehen, denn das wäre sonst bestimmt schon bei den Vorbereitungen zum Ausdruck gekommen, als die Ich-Erzählerin alles Mögliche kritisiert.

15 a) Die Sätze wirken auf den ersten Blick sehr lang. Bei genauem Hinsehen fällt aber auf, dass sie nur deshalb so lang aussehen, weil die Verfasserin ihre Sätze hintereinander aufzählt und sie selten mit einem Punkt beendet. Stattdessen trennt sie die Sätze durch Kommas voneinander. Insgesamt gibt es zahlreiche Aufzählungen. Auffällig ist auch, dass direkte Rede nicht durch Anführungszeichen markiert ist.

b) Die Stimmung wirkt …

☒ aufgeregt.

Hinweis: Die langen Aufzählungen von Eindrücken zeigen an, dass der Ich-Erzählerin in der Erinnerung so viel durch den Kopf geht, dass sie beim Beschreiben der Hochzeitsfeier gar kein Ende finden kann. Immer wieder fällt ihr noch etwas ein.

16 Ich halte Annas Äußerung für falsch. Es stimmt zwar, dass sich die Ich-Erzählerin am Anfang unwohl fühlt. Das liegt aber daran, dass sie das Gefühl hat, nicht wirklich dazuzugehören. Als das Fest aber seinen Lauf nimmt, wird sie so herzlich aufgenommen, dass sie sich willkommen und nicht mehr fremd fühlt. Ihre weitere Beschreibung des Fests zeigt, dass die Stimmung sehr fröhlich ist. Anders als am Anfang kritisiert die Erzählerin auch nichts mehr und sie macht sich nicht mehr über andere lustig.

Aufgaben zum Leseverstehen von M 7: Wolfgang Herrndorf „Tschick"

1 Man merkt es daran, dass der Ich-Erzähler (noch) so begeistert ist (vgl. Z. 6 f.). Das zeigt, dass das Erlebnis dieser Autofahrt neu für ihn ist.

Hinweis: Man könnte als Beispiel auch anführen, dass die Jungen erst an diesem Morgen Berlin verlassen haben.

2 Sie haben sich …

☒ früh morgens

… auf den Weg gemacht.

Hinweis: Vgl. Z. 25.

3 Er ist sonst immer nur mit Erwachsenen im Auto gefahren. Dass jetzt kein Erwachsener dabei ist, genießt er sehr.

Hinweis: Vgl. Z. 10–15.

4 Aussagen

Aussagen	trifft zu	trifft nicht zu
a) Ihm erscheint alles viel größer als sonst.	☒	☐
b) Ihm kommt es vor, als wäre er ganz allein auf der Welt.	☐	☒
c) Er genießt die Stille.	☐	☒
d) Die Farben wirken kräftiger.	☒	☐
e) Er sieht Dinge, die es gar nicht gibt.	☐	☒

5 ☒ Ihm kommt alles unwirklich vor.

6 ☒ Sie haben keine Landkarte.

7

Nummer	Vorgehen der Jungen
2	Sie versuchen, sich am Stand der Sonne zu orientieren.
7	Sie biegen abwechselnd links und rechts ab.
5	Sie orientieren sich an Wegweisern, die Richtung Dresden zeigen.
4	Der Ich-Erzähler probiert einen Spielzeugkompass aus.
8	Sie merken, dass sie im Kreis gefahren sind.

6	Sie werfen eine Münze, um per Los über den Weg zu entscheiden.
1	Sie wollen in Richtung Süden fahren.
9	Sie beschließen, im Zweifel eine Sandpiste entlangzufahren.
3	Sie merken, dass ihnen der Sonnenstand keine Hilfe ist.

8 Eine Musikkassette

9 Er äußert damit …

☒ Erstaunen und Ablehnung.

Hinweis: Der Textzusammenhang zeigt, dass der Ich-Erzähler weder begeistert noch wütend ist. Mit dem Ausruf drückt er sein Erstaunen über die Musik aus, aber auch seine Ablehnung derselben (vgl. Z. 51 f.).

10 Die rührselige Klaviermusik von Richard Clayderman

11

Aussagen	trifft zu	trifft nicht zu
a) Er ist kein geübter Autofahrer.	☒	☐
b) Er kennt den richtigen Weg nicht.	☐	☒
c) Er kann nur langsam fahren.	☐	☒
d) Er hat keine Erfahrung mit dem Fahren auf Autobahnen.	☒	☐
e) Er verwechselt die Kupplung mit dem Bremspedal.	☐	☒
f) Es fällt ihm schwer, sich in die rechte Autobahn-Spur einzufädeln.	☒	☐

12 Er hat Angst vor …

☒ einer Anzeige bei der Polizei.

Hinweis: Vgl. Z. 72–78. Er fürchtet, dass ein Autofahrer ihr Kennzeichen an die Polizei weitergeben könnte. Dann würde man sie suchen und wahrscheinlich bald finden. Damit wäre ihre wundervolle Fahrt schnell beendet.

13 Er will erwachsener aussehen und benutzt dafür den Klebestreifen unter der Nase als „Bart“. Tatsächlich sieht er damit aber eher ein bisschen wie Hitler aus.

Hinweis: Vgl. Z. 89 f., 99 f.

14 Sie denken, in Brandenburg …

☒ gibt es viele Nazis.

Hinweis: Man liest immer wieder davon, dass es in den ostdeutschen Bundesländern viele Neonazis gibt. Deshalb meinen die Jungen, es würde keine Schwierigkeiten damit geben, dass Tschick ein wenig wie Hitler aussieht.

15 ☒ Er will nicht auffallen.

Hinweis: Wo nicht viel los ist, können sie auch weniger auffallen und vermeiden es so, Ärger zu bekommen.

16 Der Autor lässt den Ich-Erzähler häufig Ausdrücke und Formulierungen verwenden, die der Jugendsprache angehören. Beispielsweise sagt er: „Alter Finne.“ (Z. 50 f.) oder „Nachdem wir ausreichend gekotzt hatten über *Rieschah* und sein Klavier, […]“ (Z. 51 f.). Und kurz darauf gesteht er im Jargon eines Jugendlichen: „[…] diese Moll-Scheiße zog mir komplett den Stecker.“ (Z. 56 f.)

17 Ich finde nicht, dass sich der Ich-Erzähler seinem Freund unterordnet. Als es beispielsweise darum geht, in welche Richtung sie fahren sollten, machen sie abwechselnd Vorschläge dafür, welcher Weg der richtige sein könnte. Auch fordert Maik seinen Freund Tschick „zwanzigmal“ (Z. 89) auf, an ihm vorbeizufahren, was dieser auch tut. Das deutet nicht darauf hin, dass er sich unterordnet. Ich denke, die beiden sind Kumpels und begegnen sich auf Augenhöhe.

Schreibaufgabe zu M 8: Benjamin Alire Sáenz „Aristoteles und Dante entdecken die Geheimnisse des Universums"

1. Textanalyse

Der Roman „Aristoteles und Dante entdecken die Geheimnisse des Universums" von Benjamin Alire Sáenz handelt von der Freundschaft der Jungen Aristoteles und Dante, die beide mexikanischer Herkunft sind und in den USA leben. Das Geschehen wird von Aristoteles, kurz Ari, dargestellt. In dem Textauszug gibt Ari ein Telefongespräch wieder, das er mit Dante führt.

Einleitung: Textsorte, Titel, Verfasser und Thema

Der Ich-Erzähler hängt seinen Gedanken nach, als er von Dante angerufen wird. Dieser fragt seinen Freund, ob er mit ihm schwimmen gehen wolle. Ari lehnt notgedrungen ab, da es ihm gesundheitlich nicht gut geht, sodass er im Haus bleiben muss. Anschließend unterhalten sich die Jungen über ihre familiäre Situation und ihre mexikanische Herkunft.

Hauptteil: Zusammenfassung des Inhalts: Telefonat zwischen Ari und Dante, Gesprächsthemen v. a. Familie und Herkunft

Es ist Dante, der das Gespräch ins Rollen bringt. Zunächst will er wissen, wie Ari seine Zeit verbringt (vgl. Z. 9), worauf dieser sagt, er denke gerade nach. Auf die Frage, was ihn beschäftige, antwortet Ari ausweichend (vgl. Z. 20, 22). Durch weiteres Nachfragen kann Dante seinen Freund aber doch zum Reden bringen.

Ablauf des Telefonats: Dante bringt Gespräch in Gang

Ari äußert sich zunächst zu seiner familiären Situation: Mit seinen fünfzehn Jahren ist er deutlich jünger als seine Geschwister, was ihn verunsichert (vgl. Z. 24–26). Seine beiden Zwillingsschwestern sind schon 27 Jahre alt und haben bereits mehrere Kinder. Über seinen 25-jährigen Bruder, der im Gefängnis sitzt, möchte er gar nicht reden.

Familiäre Situation: Aris ältere Geschwister

Dante reagiert auf Aris Äußerungen fast etwas neidisch. Er findet das Leben des Freundes „interessant" (Z. 58) und erklärt, er hätte auch gerne Geschwister. Über seine Eltern erzählt Dante, sie würden beide aus sozial schwachen Familien stammen. Seine Großeltern väterlicherseits seien noch in Mexiko geboren, betrieben jetzt in einem von lateinamerikanischen Einwanderern geprägten Viertel von Los Angeles ein Restaurant und sprächen nach wie vor nicht Englisch. Seine Verwandten mütterlicherseits seien arm. Dantes Eltern dagegen seien durch ihren Fleiß und ihr Studium gesellschaftlich aufgestiegen. Dadurch hätten sie sich „eine ganz neue eigene Welt geschaffen" (Z. 94 f.). Im Gegensatz zu ihm selbst würden seine Eltern beide Welten kennen und verstehen: die, aus der sie kommen, und die, in der sie leben.

Einzelkind Dante

Dantes Eltern und Großeltern

Bild der zwei Welten

Zum Schluss stellen die Jungen Überlegungen dazu an, wie lange es wohl noch dauern wird, bis sie sich irgendwo heimisch und frei fühlen (vgl. Z. 111 f.). Bezüglich dieser Frage ist Ari pessimistisch, äußert das aber nicht (vgl. Z. 113 f.).

Überlegungen zur Zukunft

Gemeinsamkeiten zwischen den Jungen gibt es vor allem aufgrund ihrer mexikanischen Herkunft: Sie fühlen sich weder in den USA richtig zu Hause noch im Herkunftsland ihrer Eltern. Dante meint, wenn er mit seinen Cousins und Cousinen zusammen sei, komme er sich richtig fehl am Platz vor (vgl. Z. 102 f.). Das Gefühl, nicht dazuzugehören, kennt Ari auch (vgl. Z. 104 f.).

Vergleich von Ari und Dante: Gemeinsamkeiten:
- *mexikanische Herkunft*

Ähnlichkeiten sind auch in ihrem Verhalten zu sehen: Beide Jungen gehen rücksichtsvoll miteinander um. Obwohl Dante neugierig ist, akzeptiert er, dass Ari nicht über seinen Bruder sprechen will. Ari wiederum reagiert vorsichtig auf Dantes Frage nach der Zukunft „Wann haben wir wohl das

- *rücksichtsvolles Verhalten*

Gefühl, dass die Welt uns gehört?" (Z. 111 f.). Obwohl er eigentlich denkt, dass das „nie" der Fall sein wird (vgl. Z. 113 f.), antwortet Ari: „Ich weiß nicht [...]. Morgen." (Z. 114) Offenbar möchte er die Perspektivlosigkeit, die er selbst spürt, nicht auf Dante übertragen.

Es gibt aber auch Unterschiede zwischen den Jungen. Dante kann offen über das sprechen, was ihn bewegt, während Ari eher verschlossen ist. Nur durch hartnäckiges Nachfragen kann Dante seinem Freund ein paar Informationen entlocken.

Unterschiede:
– Dante offen, Ari verschlossen

Immerhin ist Ari in den Augen seines Freundes „ein echter Mexikaner" (Z. 106). Sich selbst sieht Dante nicht so, zumal er „nicht besonders gut" Spanisch spricht (Z. 69 f.). Anscheinend denkt er, dass Ari stark in der Herkunftskultur seiner Eltern verwurzelt ist, er selbst dagegen „nirgendwo hin" gehöre (Z. 97 f.).

– Grad der Zugehörigkeit zur mexikanischen Kultur

Der Romanauszug besteht größtenteils aus Rede und Gegenrede. Das liegt daran, dass der Ich-Erzähler in diesem Textausschnitt fast ausschließlich wiedergibt, was die beiden Jugendlichen miteinander sprechen. Dazu passt, dass mehrere Äußerungen aus der Umgangs- und Jugendsprache stammen, z. B. die gegenseitige Anrede „Hi" (Z. 8 f.) und Ausdrücke wie „Wow!" (Z. 31), „cool" (Z. 34) und „mies" (Z. 54). Zudem erzeugen diverse unvollständige Sätze (z. B.: „‚Worüber?'/‚Alles Mögliche.'", Z. 19 f.; „Nicht wirklich", Z. 59) den Eindruck von Mündlichkeit. Dadurch wirkt das Gespräch sehr echt.

Sprache des Romanauszugs: Rede und Gegenrede

Umgangs- und Jugendsprache

Ellipsen (= unvollständige Sätze)

→ Eindruck von Mündlichkeit, „Echtheit"

Dieser Eindruck wird auch dadurch erzeugt, dass der jugendliche Ich-Erzähler nur wenige Sprachbilder verwendet. Zwei bildhafte Vergleiche verdeutlichen dennoch, wie schwierig die Situation für beide Jungen ist: Sein Bruder im Gefängnis kommt Ari vor, „als ob er tot wäre" (Z. 42 f.), und Dante fühlt sich in Gegenwart seiner Cousins „wie ein komischer Vogel" (Z. 102 f.).

wenige Sprachbilder: zwei bildhafte Vergleiche

Eine besondere Rolle spielt die Metapher von der alten und neuen Welt, mit der Dante seine eigene Lebenssituation und die seiner Eltern beschreibt (vgl. Z. 94–97). Mit diesem Sprachbild zeigt er auf, was das Kernproblem beider Jungen ist: ihre Zerrissenheit zwischen zwei „Welten" bzw. Kulturen. *(798 Wörter)*

Metapher

2. Stellungnahme

Ich finde Mehmets Einschätzung falsch, dass das Gespräch nicht glaubwürdig sei, weil sich Jugendliche nicht über ihre Familien, sondern über andere Themen unterhalten.

Stellungnahme:
eigene Position: Ablehnung von Mehmets Äußerung

Man darf nicht vergessen, dass beide Jungen nicht glücklich mit der jeweiligen Situation in ihrer Familie sind. Ari gefällt es nicht, dass er so viel jünger ist als seine Geschwister. Auch macht es ihm zu schaffen, dass sein Bruder im Gefängnis sitzt. Dante wiederum ist Einzelkind und vermisst Geschwister.

Begründung: schwierige familiäre Situation

Hinzu kommt, dass sie sich wegen ihrer mexikanischen Herkunft nirgendwo richtig zugehörig und akzeptiert fühlen. Zwar hofft Dante, dass sich das irgendwann ändert (vgl. Z. 111 f.), aber Ari denkt insgeheim, dass es nie dazu kommen wird (vgl. Z. 113 f.).

fehlendes Zugehörigkeitsgefühl

Die beiden Jugendlichen reden also nicht nur über ihre Familien, sondern über das, was sie verunsichert und bewegt. Das kann ich gut nachvollziehen. *(136 Wörter)*

Bekräftigung: Gespräch nachvollziehbar

Hinweis: Orientiere dich beim Aufbau deines Texts an den vorgegebenen Teilaufgaben. Da der Textauszug fast nur aus der Wiedergabe eines Gesprächs besteht, musst du untersuchen, wie sich die Abfolge von Rede und Gegenrede entwickelt. Hüte dich davor, nur die Inhalte wiederzugeben, über die sich die beiden Jungen austauschen. Du solltest das, was sie sagen, auch erklären und deuten.
In der Stellungnahme zu Mehmets Äußerung beziehst du zuerst Position: Du kannst sowohl zustimmen als auch ablehnen. Achte darauf, deine Meinung gut zu begründen und dich in deiner Begründung auf den Text zu beziehen. Dafür gibt es zwei Möglichkeiten: Entweder fügst du passende Zitate ein, d. h., du gibst zum Beleg eine Textstelle wörtlich wieder. Oder du umschreibst die Textinhalte mit eigenen Worten. Bei solch einem indirekten Zitat solltest du die Textstelle mit „vgl." (= vergleiche) anführen.

Schreibaufgabe zu M 9: Charlotte Kerner „Geboren 1999"

1. Textanalyse

Einleitung: *Information über Textsorte, Titel, Verfasserin und Thema*

Der Auszug aus dem Roman „Geboren 1999" von Charlotte Kerner erzählt von der ersten Begegnung der Hauptfigur, eines Jungen namens Karl, mit seiner Leihmutter, einer Maschine.

Inhaltsangabe: *Ablauf der Begegnung mit der Maschinen-Leihmutter*

Durch eine Glasscheibe sieht Karl vier solcher Maschinen; in welcher davon er selbst bis zu seiner Geburt herangewachsen ist, weiß er nicht, da alle gleich aussehen. Er nimmt diejenige Maschine, die der Scheibe am nächsten steht, genauer in den Blick. Nach einigem Hinsehen erkennt er die Konturen eines heranwachsenden Kindes in ihr, was ihn eine Zeit lang beruhigt. Schließlich bekommt er es aber doch mit der Angst.

Beschreibung der Erlebnisse Karls: *Erkenntnis über seine Herkunft („Maschinenmensch") und sein Wesen (der „Kalte Karl") → Entsetzen*

Die Erkenntnis, dass er ein „Maschinenmensch" (Z. 18 f.) ist, erfüllt Karl zunächst mit Entsetzen. Er ist so schockiert, dass er spontan die Augen schließt (vgl. Z. 24) und sich am liebsten „dieses Bild von der Seele schreien" (Z. 16 f.) möchte. Trotzdem kann er den Blick nicht davon abwenden: „[...] wie unter Zwang öffnet er seine Augen wieder und starrt durch das Glas." (Z. 25 f.) Jetzt fängt er an zu verstehen, weshalb man ihn immer den „Kalten Karl" (Z. 22) nennt: Er ist von einer seelenlosen Maschine ausgetragen worden. Darum glaubt er, keine Gefühle zeigen zu können.

Bedürfnis nach Bindung zur Maschinen-Mutter → nicht realisierbar

Trotzdem scheint er das Bedürfnis zu haben, zu dieser „Mama-Maschine" (Z. 40) eine Bindung aufzubauen. Jedenfalls stört es ihn, dass keine der Maschinen eine Reaktion auf ihn zeigt: „Sie ignorieren den Besucher einfach, ihn, der ihr leiblicher, präziser: maschinen-leiblicher Sohn sein könnte." (Z. 35–37).

Identifikation mit dem Embryo in der Maschine

Mit dem Embryo, den er im Bauch der einen Maschine sieht, identifiziert sich Karl, zumal er feststellt, dass es sich um einen Jungen handelt (vgl. Z. 76). Plötzlich sieht er sich selbst, wie er als Embryo in so einem Kunst-Uterus herangewachsen ist (vgl. Z. 70 f.). Das Wissen darum, dass dort ein „neuer Mensch" (Z. 73) entsteht, macht Karl zeitweise ruhiger. Fast scheint er sogar ein wenig begeistert zu sein, denn für ihn ist das „auch etwas Schönes, etwas Großartiges" (Z. 74).

Betrachtung der Funktionsweise der Maschinen:

Doch dann lenkt er den Blick wieder auf die Maschinen. Er stellt fest, dass jeder künstliche Uterus über Kabel und Schläuche mit einem computerähnlichen Gerät verbunden ist. Auf diese Weise wird dafür gesorgt, dass

Rahmenbedingungen perfekt,

die äußere Umgebung für das heranwachsende Lebewesen perfekt ist: Die Temperatur wird konstant bei 37 Grad gehalten, das Wohlergehen des Embryos wird ständig kontrolliert, und er ist auch Bewegungsanreizen und Geräuschen ausgesetzt. Alles ist perfekt. Und doch fehlt eines: „menschliche Wärme" (Z. 104).

aber: keine menschliche Wärme

Karls Gefühle wandeln sich also bei der ersten Begegnung mit seiner Maschinen-Mutter: Zunächst ist er tief entsetzt, beim Anblick des kleinen Jungen beruhigt er sich und ist bei der Vorstellung, dass hier ein neuer Mensch heranwächst, gerührt. Fast fragt er sich, ob er seiner künstlichen Leihmutter ein Gefühl der „Dankbarkeit und Zuneigung" (Z. 83) entgegenbringen müsste. Doch rasch wehrt er „dieses abstruse Gefühl" (Z. 85 f.) ab, denn er weiß, dass es sich nicht um ein menschliches Wesen, sondern um eine Maschine ohne Seele handelt. Und er denkt sich: „[…] niemand kann eine Maschine lieben." (Z. 90) Am Schluss empfindet er nur noch „tiefe Angst" (Z. 145).

Beschreibung von Karls Gefühlen: Gefühle wandeln sich im Lauf der Begegnung: anfangs entsetzt, dann ruhiger, gerührt; zeitweise Dankbarkeit und Zuneigung, aber: unpassend gegenüber einer Maschine; am Schluss nur noch Angst

Karls Gefühle bei der ersten Begegnung mit seiner künstlichen Leihmutter sind also überwiegend negativ. Doch während er diese negativen Gefühle anfangs allein auf sich bezieht, ist die Angst, die er schließlich empfindet, eher grundsätzlich: Ihn quält die Vorstellung, dass es möglich ist, einen Menschen in einem mit Flüssigkeit gefüllten Plastikbauch heranwachsen zu lassen, und dass man nicht einmal sicher sein kann, dass dieses Wesen tatsächlich leibliche Eltern hat und nicht etwa geklont ist. Er begreift, dass eine neue Zeit angebrochen ist: die „neue Zeit der Supermütter, die Zeit der Muttermaschinen" (Z. 43 f.). Es geht also nicht mehr nur um ihn, sondern um eine Entwicklung, die alle Menschen betrifft und die offenbar nicht mehr aufzuhalten ist.

→ Gefühle überwiegend negativ; am Anfang nur auf ihn selbst bezogen, schließlich generelle Angst aufgrund dieser Entwicklung der Menschheit

Dass die Welt, in der Karl lebt, aus dem Gleichgewicht geraten ist, wird auch durch zwei sprachliche Bilder deutlich: Karl sieht sich selbst nur noch als Schraube, die aus einer Maschine gefallen ist (vgl. Z. 22 f.). Und der künstliche Uterus, in dem der Embryo statt in einem Mutterleib heranwächst, erinnert ihn an ein Aquarium (vgl. Z. 65). Immer wieder kommt mithilfe von Worten zum Ausdruck, dass er es für widersinnig hält, einen menschlichen Embryo von einer Maschine austragen zu lassen. Zusammensetzungen wie „Maschinenmutter" (Z. 9), „Maschinenkind" (Z. 14), „Plastikbauch" (Z. 68) und „High-Tech-Wiege" (Z. 107) machen deutlich, dass es so etwas eigentlich gar nicht geben dürfte. Immer wieder erfolgt durch die Wortwahl eine Gegenüberstellung des Lebendigen mit dem Künstlichen der Maschinen: Vom Kind heißt es, dass es „ab und zu kleine Schlückchen trinkt" (Z. 97 f.), und über die technische Anlage wird gesagt, dass „kleine, hoch spezialisierte Tauchsieder" (Z. 100 f.) die Flüssigkeit ständig gleichmäßig warm halten. Durch die Sprache wird also das Grundthema des Textes noch hervorgehoben: die verschwimmende Grenze zwischen Menschlichem und Künstlichem. *(796 Wörter)*

Sprache des Erzählers: sprachliche Bilder (Vergleiche)

Wortwahl (Zusammensetzungen)

→ Sprache betont Thema des Textes: Gegenüberstellung von Lebendigem und Künstlichem

2. Stellungnahme

Dass Karl seine Meinung am Schluss geändert hat, glaube ich nicht. Es stimmt zwar, dass der Anblick des kleinen Jungen ihn zunächst geradezu „überwältigt" (Z. 72) und zeitweise auch beruhigt. Doch dieser Gefühlsumschwung hält nur kurz an. Am Ende wandelt sich sein anfängliches Entsetzen, das er anfangs in Bezug auf seine eigene Person empfunden hat, in eine „tiefe Angst" (Z. 145) um. Diese betrifft nicht mehr nur ihn selbst, sondern die Entwicklung der Menschheit insgesamt. Karl fürchtet sich davor, dass die Welt immer mehr von Maschinen beherrscht wird, sogar schon zu Beginn des Lebens, und dass nach und nach alles Menschliche vollkommen in den Hintergrund gedrängt wird. *(107 Wörter)*

Stellungnahme: These; Begründung

Schreibaufgabe zu M 10: Kirsten Fuchs „Mädchenmeute“

1. Textanalyse

Der Roman „Mädchenmeute“ von Kirsten Fuchs erzählt von den Erfahrungen, die eine Gruppe Mädchen während der Sommerferien in einem Survival-Camp macht. In dem gegebenen Auszug schildert eine der Teilnehmerinnen, Charlotte Nowak, die Ankunft in dem Lager.

Einleitung: Textsorte, Titel, Verfasserin, Thema

Die Mädchengruppe wird nachts in einem Bus zu dem Camp gefahren, das mitten im Wald liegt. Als der Bus anhält, fordert der Busfahrer die Teilnehmerinnen auf, auszusteigen. Draußen steht eine Frau, die sich ihnen als Inken vorstellt und erklärt, ihre Betreuerin zu sein. Sie heißt die Mädchen willkommen und fordert sie nach Kurzem auf, ihr Gepäck zu holen und ihr ins Lager zu folgen. Unsicher gehorchen die Mädchen ihren Anweisungen.

Hauptteil: Zusammenfassung des Inhalts: Ankunft im Camp, Bekanntschaft mit Inken

In der tiefen Dunkelheit wirkt das Gelände auf die Ich-Erzählerin unheimlich. Es ist „rabenschwarze Nacht“ (Z. 2 f.), und sie kann außer dunklen Umrissen kaum etwas erkennen. Ob es sich um zusammengekauerte Menschen, Büsche, ein Auto oder eine Tischtennisplatte handelt, weiß sie nicht (vgl. Z. 79–82).

Beschreibung der Ankunft im Lager: wegen Dunkelheit fast nichts erkennbar

Die vielfältigen Geräusche, die von überall her durch den Wald dringen, wecken in ihr die Vorstellung von Gespenstern (vgl. Z. 69–76). Ein lautes Rumsen in der Nähe jagt den Mädchen einen gehörigen Schrecken ein (vgl. Z. 83–86).

viele unheimliche Geräusche

Unangenehm findet die Ich-Erzählerin auch einige Gerüche („Irgendein abartiger Gestank“, „Brandgeruch“, Z. 39 f.). Einer Teilnehmerin wird davon so übel, dass sie sich übergeben muss. Nachdem der Bus ohne die Mädchen wieder abgefahren ist, fühlt sich die Ich-Erzählerin selbst richtig elend (vgl. Z. 138).

unangenehme Gerüche

Ich-Erzählerin fühlt sich elend

Charlottes Unwohlsein ist auch auf die Betreuerin zurückzuführen. Sie beschreibt „diese komische Frau“ (Z. 134) als völlig ungeeignet für die Leitung einer Survival-Jugendgruppe: Auf die „Würgegeräusche“ (Z. 54) des Mädchens, das sich übergibt, reagiert Inken gar nicht. Als sich die Ich-Erzählerin erkennbar von der Erwachsenen abwendet (vgl. Z. 126 f.), fällt ihr das zwar auf („Was ist, Charlotte Nowak?“, Z. 128), aber ihr Interesse scheint nicht echt zu sein, denn sie wartet keine Antwort ab, sondern richtet sich gleich wieder an die ganze Gruppe (vgl. Z. 128–130). Wenig einfühlsam reagiert sie auch, als die Jugendlichen durch ein lautes Geräusch erschrecken und kurz aufschreien. Statt die Mädchen ernst zu nehmen, ruft sie sie zur Ordnung, indem sie sie mit gackernden Hühnern vergleicht (vgl. Z. 89 f.). Demnach fehlt es der Betreuerin sowohl an Einfühlungsvermögen als auch an Pflichtgefühl.

Beschreibung der Betreuerin: ungeeignet zur Camp-Leitung

desinteressiert

wenig einfühlsam

fehlendes Pflichtgefühl

Schon die äußere Aufmachung der Frau wirkt für ihre Position völlig unpassend. Sie hat auffallend lange Fingernägel (vgl. Z. 43–45), die eher hinderlich sind, und trägt mehrere Armreifen, die bei jeder Bewegung klappern (vgl. Z. 46 f.). Außerdem schützt sie sich schon bei leichtem Nieselregen mit einem Regenschirm (vgl. Z. 31 f., 41 f.), während sie von den Teilnehmerinnen dagegen Härte erwartet: „Eigentlich braucht ein wildes Mädchen so was ja auch nicht. Oder?“ (Z. 60 f.) Mit dieser rhetorischen Frage gibt sie sich betont locker, was aufgrund ihres sonstigen Verhaltens

unpassendes Äußeres: lange Fingernägel, Armreifen,

Regenschirm

aber unglaubwürdig wirkt. Infolgedessen zeigt die Gruppe auch keine Reaktion darauf (vgl. Z. 68).

unglaubwürdig

Wenig vertrauenerweckend wirkt darüber hinaus ein geflüsterter Austausch der Betreuerin mit dem Busfahrer. Zum einen zeigt er, dass Inken körperlich nicht ganz fit zu sein scheint. Die Frage des Fahrers, ob sie ihre Tablette schon genommen habe (vgl. Z. 121 f.), deutet auf gesundheitliche Probleme hin. Zum anderen reagiert sie auf eine für die Mädchen unhörbare Nachricht des Mannes erschrocken und „zischte aufgeregt" (Z. 120), sodass er sie beruhigen muss („Reg dich nicht so auf.", Z. 121). So gelassen und selbstsicher, wie sich die Betreuerin vor der Jugendgruppe zu geben versucht, ist sie offenbar nicht.

wenig vertrauenerweckend

fraglicher Gesundheitszustand

insgeheim nicht selbstsicher, sondern aufgeregt und unsicher

Insgeheim hofft Charlotte deshalb darauf, dass doch noch eine „richtige Gruppenleiterin" (Z. 95 f.) kommen wird. Dabei denkt sie an eine Person, die in allem das Gegenteil von Inken ist: „eine sportliche Frau, lustig und cool" (Z. 96).

nicht sportlich, lustig oder cool

Ihr Unwohlsein verbirgt die Ich-Erzählerin hinter einer saloppen Ausdrucksweise. Des Öfteren verwendet sie umgangssprachliche Begriffe, z. B. „kotzte" (Z. 52), „cool" (Z. 96), „Yeah!" (Z. 67). Außerdem sind ihre Sätze meist kurz, teils sogar unvollständig: „Jede Menge Bäume. Wald also." (Z. 4) Als die Mädchen auf eine Äußerung Inkens nicht reagieren, kommentiert die Ich-Erzählerin dies ironisch mit einem Sprachbild: „Schweigen im Walde." (Z. 68)

Untersuchung der Sprache:
saloppe Ausdrucksweise: Umgangssprache,

kurze und unvollständige Sätze,

Ironie

Andere Sprachbilder, die Charlotte zur Beschreibung der Betreuerin verwendet, zeigen vor allem Verachtung. Beispielsweise vergleicht sie sie mit einem Seehund („sie lachte wie ein Seehund", Z. 50), und bezeichnet ihre langen Fingernägel als „Mordwerkzeuge" (Z. 97 f.).

Sprachbilder: Vergleiche

Obwohl sich die Ich-Erzählerin in ihrer Ausdrucksweise eher lässig gibt, lassen ihre eindringlichen Beschreibungen der Umgebung ihre Ängste durchaus erkennen. Dabei greift sie z. B. zu Doppelungen, um die unheimliche Atmosphäre im Wald zu verdeutlichen. So ist die Nacht nicht einfach „schwarz" oder „finster", sondern „finsterschwarz" (Z. 73 f.), wobei der Begriff gleich zweimal hintereinander fällt (vgl. Z. 73 f.). Zur anschaulichen Beschreibung der Geräusche im Wald verwendet die Ich-Erzählerin vielfältige Verben, z. B. „flattern", „knuspern", „klopfen", „rascheln" und „pfeifen" (vgl. Z. 71–77). Im letzten Satz bringt Charlotte ihr Unbehagen schließlich deutlich zum Ausdruck: „Jetzt war mir auch nach Kotzen zumute." (Z. 138) *(817 Wörter)*

eindringliche Beschreibungen

Doppelungen, Wiederholungen

treffende Verben

2. Stellungnahme

Liebe Mum,

Anrede

inzwischen ist es schon drei Uhr nachts, aber ich konnte bis jetzt noch nicht schlafen, weil mir so viel durch den Kopf geht. Du hattest ja angenommen, es würde mir Spaß machen, an diesem Camp teilzunehmen. Bestimmt dachtest du, ich würde hier viele spannende Abenteuer erleben.

Anlass für das Schreiben

Bezug zu Gedanken der Mutter

Nun, Abenteuer gibt es hier mehr als genug. Das fing gleich bei unserer Ankunft an: Es war mitten in der Nacht und stockdunkel. Man konnte nichts erkennen und aus allen Richtungen kamen die seltsamsten Geräusche. Das war richtig unheimlich!

Beschreibung der Ankunft

Eigentlich wäre das nicht so schlimm – wenn die Betreuerin eine Hilfe wäre. Ist sie aber nicht. Stell dir vor: Sie hat unglaublich lange Fingernägel und trägt jede Menge Schmuck! Und als es anfing zu nieseln, spannte sie gleich ihren Regenschirm auf, um bloß nicht nass zu werden. So eine Frau will uns beibringen, wie man hier im Wald zurechtkommt?

Klagen über die Betreuerin

Am liebsten würde ich gleich wieder nach Hause fahren. Kannst du mich nicht abholen kommen? Ich weiß nicht, wie ich das hier wochenlang aushalten soll.

Bitte, abgeholt zu werden

Liebe Grüße
Charlotte (174 Wörter)

abschließender Gruß

Hinweis: Orientiere dich beim Aufbau deines Texts an den vorgegebenen Teilaufgaben. Stelle bei der Inhaltszusammenfassung nur knapp dar, was im Wesentlichen passiert, und halte dich mit Deutungen noch zurück. Erst anschließend erläuterst du, wie die Ich-Erzählerin die Ankunft im Lager und die Betreuerin beschreibt und dass man daran erkennt, wie unwohl sie sich fühlt.
Achte auf eine klare Struktur. Orientiere dich beim Beschreiben der Umgebung am besten an den verschiedenen Sinnen: Erkläre zunächst, was Charlotte sieht (bzw. nicht sehen kann), dann, was sie hört, und schließlich, was sie riecht. Bei der Betrachtung der Betreuerin solltest du auch in Untergruppen vorgehen, z. B. in dieser Reihenfolge: ihr Verhalten, ihr Äußeres, ihr Austausch mit dem Busfahrer.
Zum Schluss untersuchst du den Text in Bezug auf sprachliche Mittel (Wortwahl, Satzbau, sprachliche Bilder). Untergliedere auch hier deine Ausführungen, zum Beispiel danach, ob es sich um die Beschreibung des Waldes oder der Betreuerin handelt. Beziehe dich jeweils auf Beispiele und erkläre, wie die Ich-Erzählerin ihre wahren Gefühle hinter einer saloppen Ausdrucksweise verbirgt.
Bei dem Brief solltest du Charlotte zunächst den Anlass nennen lassen, der sie mitten in der Nacht dazu bewegt, an ihre Mutter zu schreiben. Gehe danach auf das ein, was du über ihre bisherigen Erlebnisse im Text erfährst, und äußere dich abschließend dazu, wie sich das Mädchen den weiteren Ablauf vorstellt.

Schreibaufgabe zu M 11: Mascha Kaléko „Chinesische Legende"

1. Gedichtanalyse

Das Gedicht „Chinesische Legende" von Mascha Kaléko aus dem Jahr 1983 greift eine alte Geschichte aus China auf. Es befasst sich damit, wie Menschen Ereignisse bewerten, die ihnen zustoßen. Eine vorschnelle Bewertung solcher Ereignisse wird infrage gestellt.

Einleitung:
Textsorte, Titel, Autorin, Datum der Veröffentlichung und Thema

In sieben Strophen zu je vier Versen wird in dem Gedicht erzählt, wie einem alten Vater und seinem Sohn, die abseits auf einem Felsen leben, dreimal etwas zustößt. Das Geschehen wird von einem Nachbarn jeweils spontan entweder als Unglück oder als Glück bewertet: Beim ersten Mal läuft den beiden ein Pferd weg, was der Nachbar als Unglück ansieht. Als Zweites kehrt das Pferd zurück, mit mehreren wilden Pferden im Gefolge, was der Nachbar als Glück betrachtet. Beim dritten Mal stürzt der Sohn beim Reiten und bricht sich ein Bein, was für den Nachbarn ein Unglück ist. Der Vater stellt die vorschnellen Beurteilungen des Nachbarn jeweils infrage – und behält zuletzt stets recht.

Inhaltsangabe und wichtige Formmerkmale:
Form: sieben Strophen zu je vier Versen
Inhalt:
Ereignisse, die Vater und Sohn widerfahren, vom Nachbarn vorschnell und letztlich falsch bewertet

Nach jedem Ereignis geschieht etwas Neues, das die anfängliche Bewertung ins Gegenteil verkehrt: Dass ein Pferd wegläuft, ist zunächst ein „Verlust" (vgl. V. 6). Dass es kurz darauf zurückkommt und gleich ein ganzes „Rudel wilder Rosse" (V. 12) mitbringt, erscheint dagegen als „Gewinn" (V. 14). Doch darauf folgt wiederum ein Unglück, da der Sohn sich beim Reiten der zugelaufenen Pferde ein Bein bricht (vgl. V. 20). Selbst das erweist sich am Ende aber als gut: Kurz darauf wird nämlich ein Krieg ausgerufen, in dem der Sohn nicht als Soldat dienen muss, weil er nicht laufen kann („des Alten lahmer Sohn", V. 28).

Handlungsverlauf im Detail:
anfängliche Bewertung von Ereignissen durch nachfolgende Geschehnisse jeweils ins Gegenteil verkehrt

Die Strophen sind dabei nach einem ganz bestimmten Schema angeordnet: Als Erstes wird gesagt, was passiert, daraufhin wird die Reaktion des Nachbarn beschrieben – und danach folgt das nächste Ereignis, das einen Wechsel mit sich bringt und die gesamte Lage verändert. Die siebte und letzte Strophe des Gedichts endet positiv, weil der Sohn mit seiner Verletzung zu Hause bleiben kann: „Ein jeder muss das Land verlassen. / – Doch nicht des Alten lahmer Sohn." (V. 27 f.)

Strophenaufbau folgt inhaltlich einem bestimmten Schema:
Ereignis → vorschnelle Bewertung durch Nachbarn → Folgeereignis = Umkehrung der Bewertung

So zeigt es sich, dass der Vater mit seiner zurückhaltenden Beurteilung dreimal recht hat, während der vorschnell urteilende Nachbar dreimal einer Fehleinschätzung erliegt. Da auch die Schlussstrophe dem Vater Recht gibt, weil sich die Verletzung des Sohnes im Nachhinein als Glücksfall herausstellt, ist er derjenige, der mit seiner abwartenden Haltung grundsätzlich richtig liegt, während der Nachbar mit seiner sofortigen Bewertung hinterher jedes Mal eines Besseren belehrt wird.

der zurückhaltend urteilende Vater hat dreimal recht,
der vorschnelle Nachbar wird stets eines Besseren belehrt

Das Gedicht wirkt vom Klang her einfach und ruhig. Das liegt zunächst daran, dass seine Form sehr klar gestaltet ist. Die Strophen 1, 3, 5 und 7 sind im Kreuzreim verfasst. Das passt zum Inhalt, denn in diesen Strophen wird jeweils von einem Ereignis erzählt, das eine Veränderung der Situation und der Perspektive mit sich bringt. Die Strophen 2, 4 und 6 weisen einen umarmenden Reim auf. Auch das passt zum Inhalt, denn es spiegelt die Gelassenheit des Alten wider, wenn ihm etwas Unerwartetes widerfährt. Ruhe kommt auch durch das Metrum zum Ausdruck: Es liegt ein vierhebiger Jambus vor, der sich gleichmäßig durch das ganze Gedicht zieht. Unregelmäßigkeiten, die irritieren könnten, gibt es nicht.

Formmerkmale im Detail:
ruhiger Klang, klare Form
Strophen 1, 3, 5, 7: Kreuzreim
Strophen 2, 4, 6: umarmender Reim
Metrum: gleichmäßiger vierhebiger Jambus, keine Unregelmäßigkeiten
→ Form spiegelt den Inhalt wider (Veränderung und Gelassenheit)

Sprachlich zeichnet sich das Gedicht zunächst durch die Einfachheit der Wortwahl aus (z. B. „Felsen", V. 1; „der Alte", V. 2; „sein Sohn", V. 2; „Unglück", V. 8). Auffallend sind außerdem mehrere Wiederholungen, von denen einige leichte Veränderungen erfahren. So heißt es zweimal über den Nachbarn: „Der Nachbar, nach geraumer Frist [...]" (V. 5, V. 21), einmal dagegen: „Der Nachbar, schon nach kurzer Frist [...]" (V. 13). Was er für ein Unglück hält, lässt ihn zögern, während das, was er als Glücksfall ansieht, seinen Aufbruch beschleunigt. Offensichtlich fällt es ihm schwer, sein Mitgefühl zu äußern, dagegen fällt es ihm leicht, mit anderen Freude zu teilen. Auch bei den Äußerungen des Alten gibt es Wiederholungen. Auf die voreiligen Einschätzungen seines Nachbarn reagiert er stets mit Skepsis – etwa mit der Frage: „Wer weiß, ob dies ein Unglück ist?" (V. 8, V. 24) oder aber mit der Frage: „Wer weiß, ob dies ein Glücksfall ist?" (V. 16).

Beschreibung der Sprache:
einfache Wortwahl,
zahlreiche Wiederholungen (mit leichten Variationen)

Die Wiederholungen deuten darauf hin, dass die beiden Männer jeweils festgefahrene Verhaltensweisen haben: Der eine bewertet Geschehnisse immer übereilt und vorschnell, während der andere sich zunächst zurückhaltend äußert und den Lauf der Dinge abwartet. Dabei liegt der Alte mit seiner ruhigen Einstellung stets richtig. Damit erhebt er sich fast über seine Mitmenschen, denn diese reagieren – wie der Nachbar – „nach Menschenweise" (V. 14). Anders der Vater: Er scheint eher über den Dingen zu stehen.

Wiederholungen stehen für Verhaltensmuster des Alten und des Nachbarn
→ Ruhe besser als übereiltes Urteilen

Die Überschrift deutet darauf hin, dass die Verfasserin mit diesem Gedicht eine Geschichte erzählt, die seit Langem immer wieder an die nächste Generation weitergegeben wurde. Der Leser gewinnt den Eindruck, dass diese „Legende" mit ihrem Appell zur Gelassenheit eine alte Weisheit vermittelt.

(775 Wörter)

Sinn der Überschrift:
alte Geschichte, vermittelt Weisheit: Appell zur Gelassenheit

2. Stellungnahme

Auch wenn es sich um eine alte Geschichte handelt, die noch dazu im fernen China spielt, heißt das nicht, dass sie uns heute nichts mehr zu sagen hat. Denn die Botschaft richtet sich auch an uns: Wir sollen uns nicht immer vorschnell ein Urteil bilden, wenn uns etwas zustößt. Demjenigen, der sich nicht immer gleich aus der Ruhe bringen lässt, geht es gut. Dass dies so ist, merkt man schon in der ersten Strophe: Vater und Sohn, so heißt es dort, leben „In stiller Eintracht, wohlzufrieden" (V. 3). Ihr Leben verläuft also nicht nur ruhig, sondern auch friedvoll, und das bis zum Schluss – unabhängig von den Ereignissen, die ihnen zustoßen.

(110 Wörter)

Stellungnahme:
Inhalt des Gedichts auch heute aktuell

Mahnung zur Zurückhaltung bei der Urteilsbildung

positive Folge: ruhigeres, friedvolleres Leben

Schreibaufgabe zu M 12: Malala Yousafzai

Kämpferin für das Recht auf Bildung

Malala Yousafzai ist ein junges Mädchen, das in Mingora in Pakistan geboren wurde. Weil sie sich in ihrer Heimat im Interesse der Mädchen für das Recht auf Bildung eingesetzt hatte, wurde von den Taliban ein Attentat auf sie verübt, was weltweit Entsetzen und Anteilnahme ausgelöst hat. Malala hat ihre schweren Verletzungen aber überlebt und wohnt heute mit ihrer Familie in Großbritannien.

Im Jahr 1997 wurde Malala geboren. Ihre ersten elf Lebensjahre verliefen ganz normal: Sie wuchs in einer intakten Familie auf, besuchte die Schule und in ihrer Freizeit spielte sie wie andere Mädchen auch zusammen mit ihren Freundinnen. Als jedoch die Taliban in ihrer Heimat die Macht übernahmen, änderte sich ihr Leben von Grund auf: Allen Mädchen ab einem Alter von acht Jahren wurde nun verboten, zur Schule zu gehen, und auch in ihrer Freizeit wurden sie stark eingeschränkt. Beispielsweise durften sie nicht mehr tanzen und nicht mehr Musik hören.

Malala wollte sich damit nicht abfinden. In einem Internet-Blog für die BBC setzte sie sich deshalb für die Rechte von Mädchen ein, indem sie den Alltag unter der Herrschaft der Taliban beschrieb. Sie berichtete von ihren persönlichen Erfahrungen, insbesondere davon, wie Frauen in Pakistan unterdrückt wurden, dass Mädchen nicht mehr zur Schule gehen durften und dass Selbstmordattentäter Angst und Schrecken verbreiteten. Daraufhin wurde sie zu mehreren Fernsehshows eingeladen. Sie gab verschiedene Interviews zu den Themen „Bildung" und „Frauen" und setzte sich für Gleichberechtigung und Demokratie ein. Im Jahr 2013 – ein Jahr nach dem Attentat auf sie – veröffentlichte sie ihre Erlebnisse rückblickend in Form einer Autobiografie, die sie zusammen mit einer englischen Journalistin geschrieben hatte.

Für ihre Bemühungen wurde Malala mehrfach ausgezeichnet. Unter anderem erhielt sie den Malala-Friedenspreis von Pakistan und den internationalen Kinder-Friedenspreis. Trotz ihres jugendlichen Alters zählte das *Time*-Magazin sie zu den hundert einflussreichsten Menschen der Welt und 2014 erhielt sie sogar die große Auszeichnung des Friedensnobelpreises. Eine besondere Ehre war es für sie, an ihrem sechzehnten Geburtstag vor den Vereinten Nationen eine Rede halten zu dürfen.

Überschrift

Einleitung:
Vorstellen von Malala: Grund für Berühmtheit

jetziger Wohnort

Hauptteil:
Malalas Leben vor der Machtübernahme durch die Taliban

Leben unter den Taliban

Ziele und Aktivitäten:
Internet-Blog: Einsatz für die Rechte von Mädchen und Frauen

Auftritt in mehreren Fernsehshows, Interviews zu den Themen „Bildung" und „Frauen"

Veröffentlichung ihrer Autobiografie

Auszeichnungen und Ehrungen:
diverse Preise

Friedensnobelpreis

Rede vor der UNO

In dieser Rede vor der UNO wurde deutlich, dass Malala ihre Ziele nicht aufgegeben hat. Sie erklärte dort ausdrücklich, dass sie sich durch das Attentat der Taliban nicht habe einschüchtern lassen. Der Anschlag habe sie nicht verändert; sie sei immer noch „dieselbe Malala", und das heiße für sie, dass sie sich nach wie vor für das Recht auf Bildung einsetze. In ihrer Rede rief sie die Regierungen dazu auf, sicherzustellen, dass überall auf der Welt für Kinder die Schulpflicht gilt.	***Malalas Festhalten an ihren Zielen:***
Malalas Engagement ist wohl zunächst darauf zurückzuführen, dass sie am eigenen Leib erfahren musste, was es bedeutet, nicht mehr zur Schule gehen zu dürfen. In den ersten elf Lebensjahren nahm sie gemeinsam mit ihren Freundinnen am Unterricht teil, und dann wurde ihre Schule plötzlich aufgrund des Erlasses der Taliban geschlossen. Das brachte sie zur Verzweiflung.	***Gründe/Schlussfolgerung:*** *Malalas eigene Erfahrungen in Bezug auf Bildung*
Malala hat aber auch Unterstützung im Elternhaus gehabt. Als sie so verzweifelt war, weil sie die Schule nicht mehr besuchen durfte, gab sich ihr Vater ganz zuversichtlich. Er sagte zu ihr: „Du wirst wieder zur Schule gehen." Das zeigt, dass er Bildung für Mädchen für selbstverständlich hält. Vermutlich folgt sie also dem Vorbild ihres Vaters und lässt sich auch deshalb durch die Einschüchterungsversuche der Taliban nicht aufhalten.	*Unterstützung im Elternhaus* *Zuversicht des Vaters*
Ich finde es bewundernswert, dass Malala auch nach dem Attentat auf sie dafür kämpft, dass alle Kinder zur Schule gehen können. Dächte sie nur an sich selbst, dann könnte sie ihr Engagement einstellen, denn in Birmingham, wo sie jetzt lebt, steht ihr der Schulbesuch offen. Aber sie denkt nach wie vor an die vielen Kinder, die nicht zur Schule gehen können oder dürfen, und für die setzt sie sich ein. Bewundernswert finde ich es auch, dass sie keine Rachegelüste gegenüber den Taliban oder anderen terroristischen Gruppen zeigt, sondern für Toleranz eintritt, unabhängig von Herkunft, Hautfarbe oder Religion einer Person. Meiner Meinung nach gilt Malala deshalb zu Recht als Symbolfigur für Freiheit und Bildung und somit als Kämpferin für die Menschenrechte. *(647 Wörter)*	***Schluss, Urteil über Malala:*** *selbstloses Verhalten* *Einsatz für das Recht auf Schulbesuch für alle Kinder* *Eintreten für Toleranz*
Genutzte Quellen: Materialien A bis D.	*verwendete Materialien*

Hinweis: Vergiss nicht, dass die Informationen, die du zur Bearbeitung der einzelnen Teilaufgaben brauchst, über alle Materialien verstreut sein können. Deshalb ist es wichtig, dass du die Inhalte der verschiedenen Materialien passend den einzelnen Teilaufgaben zuordnest, ehe du mit dem Schreiben beginnst. Überlege also bei jedem Text, welche Informationen zu welchem Aspekt passen. Am besten legst du für jedes Unterthema eine bestimmte Farbe fest und markierst die einzelnen Textstellen entsprechend. Auf diese Weise hast du eine gute Grundlage, um die einzelnen Absätze deines Textes gut strukturiert auszuformulieren. Achte beim Schreiben auf die Verwendung der richtigen Tempora: Für das, was früher geschah, verwendest du das Tempus Präteritum (bei Vorzeitigkeit Plusquamperfekt), für das, was heute noch gilt, das Tempus Präsens (bei Vorzeitigkeit Perfekt).

Schreibaufgabe zu M 13: Plastikmüll

Plastikmüll – die drohende Gefahr

Überschrift

Einleitung: *Hinführung zum Thema, Schreibanlass (Film)*

Vor Kurzem habe ich einen Film gesehen, der mich richtig schockiert hat. Es ging um Plastik, genauer: um die Probleme, die der wachsende Berg an Plastikmüll verursacht. Die Bilder von Vögeln, die sich in den Ringen von Sixpack-Verschlüssen verfangen haben und elend verendet sind, gehen mir gar nicht mehr aus dem Kopf. Das hat mich dazu bewegt, im Internet weitere Recherchen zu dem Thema anzustellen. Was ich in Erfahrung gebracht habe, möchte ich euch unbedingt mitteilen, damit wir alle künftig bewusster mit Plastik umgehen.

Anliegen des Verfassers/der Verfasserin

Hauptteil: *Überblick über die Entwicklung: erster Kunststoff bei den Mayas*

Die erste Produktion von plastikähnlichem Material hat es schon vor sehr langer Zeit gegeben: Aus der Milch von Kautschukbäumen stellten bereits die Mayas eine Art Kunststoff her. Doch erst Mitte des vorigen Jahrhunderts wurde damit begonnen, Plastik in großen Mengen herzustellen. Inzwischen werden jährlich 240 Millionen Tonnen Plastik produziert. Im Schnitt verbraucht heute jeder Mensch Jahr für Jahr 45 Kilogramm Kunststoff. Und es ist anzunehmen, dass die Nutzung von Plastik noch weiter ansteigen wird, denn das Material hat viele positive Eigenschaften: Es ist leicht, lässt sich gut formen, schützt z. B. Lebensmittel vor Keimen und ist zudem noch billig in der Herstellung.

seit 20. Jahrhundert Produktion in großen Mengen

weiterer Anstieg wahrscheinlich

Die Unmengen an Plastik, die Jahr für Jahr hergestellt werden, sind vor allem ein Problem für die Umwelt. Es fallen riesige Berge an Plastikmüll an, von dem nur ein kleiner Teil recycelt wird. In der EU etwa wird nur gut ein Viertel der Kunststoffabfälle wiederverwertet, der Rest wird verbrannt oder landet auf Müllhalden. Und weil Plastik nicht verrottet, bleibt es dort liegen …

Das Plastik-Problem: sehr viel Müll

nur teilweise recycelt

verrottet nicht

Dass so viel Plastikmüll anfällt, ist auch darauf zurückzuführen, dass Plastik häufig für Dinge verwendet wird, die nur einmal gebraucht und dann weggeworfen werden. Man denke nur an die vielen Lebensmittelverpackungen und Einwegflaschen aus Plastik.

einmalige Verwendung, statt nachhaltiger Nutzung

Besonders schlimm ist, dass ein Großteil dieses Plastikmülls im Meer landet. Im Pazifik treibt bereits ein Plastikstrudel in der Größe von Zentraleuropa! Laut einem Wuppertaler Institut trieben im Jahr 2015 insgesamt bereits 270 Millionen Tonnen an Plastikmüll im Meer. Die Wissenschaftler schätzen, dass jährlich weitere 9,1 Millionen Tonnen hinzukommen. Dann würden sich in rund 500 Jahren fast 5 000 Millionen Tonnen Plastik in den Ozeanen befinden, das nicht wieder verschwindet.

Plastikmüll im Meer: riesige Mengen

weitere Zunahme

Verheerend ist das vor allem für die Tiere, z. B. für Fische, Vögel und Delfine, für die das Plastik eine Gefahr darstellt. Es passiert immer wieder, dass sie sich in Plastikmüll verfangen oder Teile davon mit Nahrung verwechseln und fressen. Daran gehen viele von ihnen elend zugrunde. Umweltschutzorganisationen schätzen, dass jährlich rund eine Million Seevögel und 100 000 Meeressäugetiere an dem Plastik sterben, das im Meer landet.

Gefahr für Tiere

Besonders tückisch ist Mikroplastik, also Plastik, das sich im Laufe der Zeit in immer kleinere, für das normale Auge unsichtbare Teilchen zersetzt hat. Fische halten es für Plankton und fressen es. Auch in Nordseefischen wurde schon Mikroplastik nachgewiesen.

besonders problematisch: Mikroplastik

Das wiederum wirkt sich auch auf uns Menschen aus – denn solche Fische werden von uns gegessen und so gelangt das Plastik auch in unsere Körper. Selbst in unserem Trinkwasser und in Nahrungsmitteln wie Milch oder Honig wurde bereits Mikroplastik nachgewiesen. Wissenschaftler warnen davor, dass die Chemikalien im Plastik Krankheiten auslösen können, z. B. Allergien, Krebs oder Herzerkrankungen.

auch Gefahr für Menschen

Wir sollten also alles dafür tun, um die Menge an Plastikmüll zu verringern! Ein Anfang ist schon gemacht: Laut einer EU-Verordnung dürfen Geschäfte ihren Kunden keine kostenlosen Plastiktüten mehr aushändigen. Das ist auch sinnvoll, da wir eine solche Tüte im Schnitt gerade einmal 20 Minuten benutzen.

Schlussfolgerungen:
Ziel: Verringerung von Plastikmüll
gut: keine kostenlosen Plastiktüten mehr

Allerdings dürfen nach wie vor dünne Plastiktüten verwendet werden, etwa um Obst und Gemüse zu verpacken. Außerdem werden in Supermärkten viele weitere Lebensmittel fertig verpackt angeboten, z. B. Käse, Wurst, Fleisch, Gebäck und Saft. Dass Kunden nur zum Transport ihrer Einkäufe auf Plastiktüten verzichten, reicht also nicht aus.

trotzdem zu viel Plastikverpackungen

Aber was kann man tun, um zu verhindern, dass der Anteil an Plastikmüll weiter anwächst? Am besten kauft man möglichst viele Waren statt im Supermarkt auf dem Wochenmarkt ein. Reicht man den Verkäufern die eigene Einkaufstasche fürs Obst und Gemüse, für Käse oder Wurst, verhindert man, dass die Einkäufe in Plastik bzw. Plastiktüten gesteckt werden.

Gegenmaßnahmen/Tipps:

- *auf Wochenmarkt einkaufen*
- *eigene Taschen verwenden*

Bei Drogerieartikeln, z. B. Duschgel oder Zahnpasta, sollte man darauf achten, dass sie keine Kunststoffe enthalten. Das heißt, es darf im Kleingedruckten kein Polyethylen angeführt sein. Und wenn Plastik schon nicht zu vermeiden ist, z. B. bei Shampoo-Flaschen, sollte man die leeren Verpackungen wenigstens ordnungsgemäß entsorgen, damit sie recycelt werden können.

- *bei Drogerieartikeln auf Bestandteile achten*
- *leere Verpackungen ordnungsgemäß entsorgen*

Versucht bitte alle, euren Beitrag dazu zu leisten, dass der Berg an Plastikmüll nicht weiter wächst. Es kommt auf jeden Einzelnen an! Wir alle sollten unseren Beitrag zum Erhalt unseres Planeten und aller seiner Bewohner – Mensch wie Tier – leisten. Vergesst nicht: Wir haben nur diese eine Erde, und die ist unsere Lebensgrundlage. *(772 Wörter)*

Schluss:
Appell an die Leser

Genutzte Quellen: Materialien A bis H.

verwendete Materialien

Hinweis: Dein Aufsatz ist durch die Teilaufgaben bereits vorstrukturiert. Achte jedoch darauf, dass dein Text einem „roten Faden“ folgt. Reihe nicht beliebig Informationen aneinander, sondern frage dich, was womit zusammenhängt. Zeige solche Zusammenhänge auf, indem du Konjunktionen und Adverbien verwendest (z. B. *auch, allerdings, doch, aber, denn, dagegen …*).
Bedenke auch den Leserkreis, für den du schreibst. Zwar sollst du einen Text schreiben, der informativ ist; du richtest deine Worte aber auch an Menschen, die du kennst, hauptsächlich an deine Mitschülerinnen und Mitschüler. Versuche deshalb, beides zu berücksichtigen: Bleibe sachlich bei der Darstellung der Informationen – beziehe jedoch die Leser mit ein und zeige, dass du eine bestimmte Wirkung erzielen willst.
Vergiss nicht, deinem Text eine passende Überschrift voranzustellen. Am besten lässt du dafür zunächst eine Zeile frei und ergänzt sie zum Schluss. Wenn du dich mit den Materialien beschäftigt und deinen Text geschrieben hast, fällt es dir leichter, einen passenden Titel zu finden.

Schreibaufgabe zu M 14: Berufswahl

Schwierige Berufswahl! Auf Vorlieben und Fähigkeiten achten

Überschrift

Einleitung:
Hinführung zum Thema: *Berufswünsche von Kindern wechselhaft*

Auf die Frage, was er denn mal werden wolle, antwortet ein kleiner Junge meist spontan. Je nach seinen momentanen Vorlieben wird er rasch einen Beruf nennen, z. B. Feuerwehrmann. Wenig später ändert er wahrscheinlich seine Meinung und will dann doch lieber Pilot werden. Oder Polizist. Oder ... Wenn Schulabgänger sich entscheiden müssen, welchen Beruf sie erlernen wollen, ist das schwieriger. Anders als der kleine Junge legt man sich mit seiner Entscheidung grundlegend fest – meist für das ganze Leben. Es gilt also, einiges bei der Berufsfindung zu beachten. Dafür möchte ich euch ein paar Hinweise und Ratschläge geben.

Berufswahl von Schulabgängern auf Dauer angelegt

Hauptteil:
Gründe für Schwierigkeiten bei der Berufswahl: *nicht alle Berufe und Ausbildungen bekannt*

Schwierig ist die Berufswahl aus verschiedenen Gründen. Zunächst gibt es so viele Berufe, dass man die meisten von ihnen gar nicht kennt. Vielen Schulabgängern sind nur die „üblichen" Ausbildungsgänge bekannt: Friseur, Kfz-Mechatroniker, Krankenschwester, Bankkauffrau. Wie soll man aber sinnvoll eine Wahl treffen, wenn man gar nicht weiß, welche Möglichkeiten es überhaupt gibt?

zu viele Auswahlmöglichkeiten

Selbst wenn man sich in der Berufswelt schon besser auskennt, wird es nicht unbedingt leichter. Es gibt so viele Alternativen, dass mancher sich davon überfordert fühlt. Je mehr Optionen einem zur Verfügung stehen, desto mehr wächst die Angst, etwas falsch zu machen. Auch die Vielzahl möglicher Berufe kann es also erschweren, eine Entscheidung zu treffen.

Rahmenbedingungen vieler Berufe sehr unterschiedlich

Darüber hinaus muss man die Rahmenbedingungen bedenken, die mit den einzelnen Berufen einhergehen. Legt man z. B. Wert auf geregelte Arbeitszeiten, um genügend Zeit für Freunde und Familie zu haben? Will man vor allem Spaß im Beruf haben? Oder steht im Vordergrund, Karriere zu machen und möglichst viel Geld zu verdienen? Ist man bereit, sich bei der Arbeit schmutzig zu machen – oder ist es einem wichtig, immer tipptopp auszusehen? Möchte man mit Menschen zu tun haben – oder lieber zurückgezogen an einem Schreibtisch arbeiten? Was will man mehr anstrengen: den Körper oder den Kopf? Es gibt vieles zu berücksichtigen.

→ vieles zu berücksichtigen

Vorgehen bei der Berufsfindung:
1. eigene Fähigkeiten beachten

Allerdings geht es bei der Berufswahl nicht nur um das, was man möchte, sondern auch um das, was man kann. Man sollte sich deshalb als Erstes fragen, über welche Fähigkeiten man verfügt. Einen Hinweis auf die eigenen Stärken können beispielsweise Schulnoten geben. Kann man etwa besonders präzise zeichnen oder fallen einem Fremdsprachen leicht, lohnt es sich womöglich, das weiterzuverfolgen. An der Schule und an Noten sollte man sich aber nicht ausschließlich orientieren. Begabungen zeigen sich häufig auch bei außerschulischen Aktivitäten. Wer etwa einen Mannschaftssport betreibt, ist möglicherweise gut in der Teamarbeit. Auch andere Fähigkeiten spielen im Berufsleben eine Rolle, z. B. Ausdauer und Geschicklichkeit.

2. Vorlieben kennen

Die nächste Überlegung gilt der Frage: Welche Tätigkeiten führt man gerne aus – und könnte sich vorstellen, sie Tag für Tag zu erledigen, ein Leben lang? Auf dieser Grundlage gilt es, herauszufinden, in welchen Berufen sich diese Vorlieben am besten einbringen lassen.

3. Informationen beschaffen:

Um sich unter den Berufen, die nach den ersten Überlegungen in die engere Wahl kommen, endgültig entscheiden zu können, ist es wichtig, viele

Informationen zu sammeln. Dafür gibt es verschiedene Möglichkeiten. Beispielsweise kann man sich im Alltag mit Menschen unterhalten, die einen bestimmten Beruf ausüben. Man fragt sie nach ihren Erfahrungen und bittet sie um Empfehlungen.	*Berufstätige befragen*
Oder man absolviert in den Ferien ein Praktikum in einem Betrieb. So kann man erste eigene Erfahrungen zum Alltag in einem Beruf sammeln. Zusätzlich sollte man auf die Angebote der Agentur für Arbeit zurückgreifen. Möglicherweise stößt man bei seinen Recherchen auf Berufe, die man bisher noch gar nicht im Sinn hatte.	*Praktikum absolvieren* *Angebote der Agentur für Arbeit wahrnehmen*
Nicht zu empfehlen ist es, sich bei der Berufswahl nach gängigen Klischees zu richten. Das ist gar nicht so leicht. Nach wie vor gelten manche Berufe als typische Männer- oder Frauenberufe. So wird der Beruf des Kfz-Mechatronikers immer noch hauptsächlich von Männern ergriffen, während es überwiegend Frauen sind, die z. B. Medizinische Fachangestellte werden wollen. Viele wagen es nicht, dieses Klischeedenken zu durchbrechen. So fürchten Frauen oft, in einem „typisch männlichen" Beruf nicht respektiert und anerkannt zu werden. Männer in „Frauenberufen" dagegen haben möglicherweise die Sorge, ihre Berufswahl immer wieder erklären und rechtfertigen zu müssen.	*Probleme bei Abweichung von Rollenklischees:* *gesellschaftliche Wahrnehmung von sogenannten Frauen- oder Männerberufen* *Angst vor fehlender Anerkennung* *Rechtfertigungszwang*
Schulabgänger, die aus diesen oder anderen Gründen bei der Berufswahl an Rollenklischees festhalten, legen sich jedoch unnötige Beschränkungen auf. Warum sollten Jungen keinen sozialen Beruf ergreifen? Dass Männer etwa in Pflegeberufen sehr gute Dienste leisten, dürfte einleuchten: Weil sie meist mehr Kraft haben als Frauen, fallen ihnen körperlich fordernde Arbeiten weniger schwer, z. B. das Anheben von Patienten.	*→ Orientierung an Rollenklischees nicht sinnvoll:* *soziale Berufe für Jungen*
Ebenso kann es für Mädchen, die in der Schule etwa in Mathematik oder Physik gute Leistungen erzielen, lohnend sein, eine mathematisch, technisch oder naturwissenschaftlich orientierte Ausbildung zu wählen. Nur ein kleiner Anteil Frauen arbeitet in einem solchen Beruf. Dabei sind sie dort, anders als viele Schulabgängerinnen denken, durchaus anerkannt und werden in der Wirtschaft gebraucht. Nur aufgrund von Vorurteilen sollte kein Mädchen ein Talent in diesen Bereichen ignorieren.	*technisch-naturwissenschaftliche Berufe für Mädchen*
In jedem Fall ist die Berufswahl eine individuelle Entscheidung. Jeder sollte sich dabei nach seinen Fähigkeiten und Vorlieben richten und einen Beruf ergreifen, der seiner Persönlichkeit und seinen Neigungen am ehesten entspricht. So stehen die Chancen am besten, in seinem Berufsleben glücklich zu werden.	***Schluss:*** *individuelle Entscheidung*
Wie ihr gesehen habt, muss man einige Überlegungen anstellen, um eine geeignete Wahl treffen zu können, und das dauert seine Zeit. Am besten fangt ihr also gleich morgen damit an! Denkt daran: Ihr trefft eine Entscheidung fürs Leben! *(864 Wörter)*	*Appell: rechtzeitig Gedanken machen*
Genutzte Quellen: Materialien A bis F.	*verwendete Materialien*

Hinweis: Beim Schreiben deines informierenden Textes solltest du dir darüber im Klaren sein, dass deine Leser die verschiedenen Texte und das Diagramm nicht kennen. Deshalb ist es nicht sinnvoll, ausdrücklich darauf hinzuweisen, woher eine Information stammt. Darüber hinaus ist wichtig, dass du nicht aus den Materialien abschreibst, sondern sie auswertest und die Ergebnisse dann selbstständig formulierst. Verwende eigene Worte und bemühe dich darum, die entscheidenden Zusammenhänge aufzuzeigen. Die Reihenfolge der einzelnen Gesichtspunkte ist dir durch die Teilaufgaben bereits vorgegeben.
Denke beim Schreiben auch an den Leserkreis, für den dein Text bestimmt ist – deine Mitschülerinnen und Mitschüler. Drücke dich bei der Darstellung von Informationen sachlich aus. Bemühe dich aber auch darum, anschaulich zu schreiben, z. B., indem du passende Beispiele einfügst. Außer auf die Materialien kannst du dabei auch auf dein Erfahrungswissen zurückgreifen. Vergiss nicht, dem Text eine passende Überschrift voranzustellen!

Schreibaufgabe zu M 15: Big Data

1. Textuntersuchung und -vergleich

Die Materialien A bis C befassen sich mit dem Thema „Big Data". So bezeichnet man die enorme Fülle von Daten, die ununterbrochen erzeugt und gesammelt werden, seit die Menschen durch die Verwendung von elektronischen Medien überall ihre Spuren hinterlassen.

__Gemeinsames Thema der Materialien:__
Big Data = Fülle von (elektronisch) gesammelten Daten

In dem Text „Tante Emma 2.0 oder Big Data", der im „eStrategy"-Magazin erschienen ist, geht es um die Herausforderung, die stetig wachsenden Datenmengen zu erfassen und auszuwerten. Der Verfasser erinnert daran, dass der Umgang mit Kundendaten genau genommen nichts Neues ist: Auch die Betreiber kleiner Lebensmittelläden in früheren Zeiten – sogenannter Tante-Emma-Läden – wussten viel über ihre Kunden. So war es ihnen möglich, ihre Angebote genau an deren Bedarf anzupassen. Neu ist allerdings die ungeheure Menge an Daten, die heute durch die elektronischen Medien erzeugt und gesammelt werden können. Ein kleiner Laden, in dem die Betreiberin wie früher alle Informationen nur in ihrem Kopf „abspeichert", wäre damit vollkommen überfordert. Und selbst große Supermarktketten wie „Walmart" haben mit den rasant zunehmenden Datenmengen zu kämpfen. Laut dem Verfasser können sie bis heute nur unzureichend ausgewertet werden.

__Zusammenfassung von A:__
Thema: Erfassen und Auswerten der wachsenden Datenmengen
Sammeln von Kundendaten nichts Neues, schon bei „Tante Emma"
neu aber: riesige Menge an Daten
Auswertung bislang unzureichend

Im zweiten Text, dem Artikel „Risikofaktor Big Data?", erschienen am 21.11.2013 in der Online-Ausgabe des „Handelsblatts", geht es zunächst um die wachsende Sorge vieler Menschen wegen eines möglichen Missbrauchs ihrer Daten. Im Mittelpunkt stehen jedoch die möglichen Folgen dieses Misstrauens für den Handel. Die Unternehmen sehen in der zunehmenden Skepsis der Bürger ein Problem, denn das Sammeln und Auswerten von Kundendaten bringt ihnen viele Vorteile: So können sie ihr Angebot gezielt nach den Kundenwünschen ausrichten, passende Werbung schalten, ihre Lagerhaltung entsprechend planen und darüber hinaus ihre Mitarbeiter in den verschiedenen Filialen sinnvoll einsetzen. Das sei auch für die Kunden hilfreich, da sie so in dem Überangebot von Waren zügig die richtigen Kaufentscheidungen treffen könnten. Dagegen befürchten Verbraucherschützer, dass die Speicherung und Weiterverarbeitung von Daten den Persönlichkeitsschutz der Bürger gefährdet.

__Zusammenfassung von B:__
Thema: wachsendes Misstrauen der Bürger in Bezug auf ihre Daten und Folgen für Handel
Sammeln und Auswerten von Daten für Händler vorteilhaft
auch Vorteile für Kunden
aber: Sorge der Verbraucherschützer

Den Verfasser von Material A scheinen vor allem technische Fragen rund um das Anhäufen und Auswerten von Daten zu interessieren. Das heutige Datensammeln durch große Unternehmen vergleicht er mit dem Sammeln von Informationen durch kleine Ladenbesitzer in früheren Zeiten. Abgesehen von den ungleichen Ausmaßen sieht er keinen Unterschied zwischen beidem. Er gibt jedoch zu bedenken, dass noch ein Problem darin bestehe, die riesige Datenflut befriedigend auszuwerten.

In Material B hingegen geht es nicht um die technischen Probleme, die die Datenflut mit sich bringt, sondern es werden die verschiedenen Interessen von Unternehmern und Bürgern bei diesem Thema gegenübergestellt. Für die Unternehmer sind die Informationen über ihre Kunden wertvoll, und deshalb möchten sie verhindern, dass die Menschen ihre Daten künftig besser schützen. Die Bürger dagegen sorgen sich um ihre Persönlichkeitsrechte und wollen nicht, dass mit ihren Daten Missbrauch getrieben wird, z. B. indem diese ohne ihr Wissen für Werbezwecke gespeichert werden.

__Vergleich von A und B:__
A: Kein prinzipieller Unterschied zwischen dem Sammeln von Kundendaten früher und heute
Problem: Datenflut (noch) nicht zu bewältigen
B: Unterschiedliche Interessen von Bürgern und Unternehmern
Unternehmer: wertvolle Daten
Bürger: Sorgen um Missbrauch

Alle Materialien stimmen darin überein, dass sich die Datenflut nicht eindämmen lässt. Im Gegenteil: Man geht davon aus, dass sie weiter rasant wachsen wird. Innerhalb von nur zwei Jahren – von 2012 bis 2014 – hat sich das Datenvolumen, das weltweit monatlich angehäuft wird, fast verdreifacht. Im Jahr 2014 werden pro Monat gut 3,5 Exabyte an Daten zusammenkommen. Diese Zahl ist unvorstellbar hoch: Ein Exabyte entspricht rund einer Milliarde Gigabyte! Und es ist anzunehmen, dass diese Entwicklung so weitergeht: Mit nahezu allem, was die Bürger einer modernen Gesellschaft tun, hinterlassen sie Datenspuren. Schließlich gibt es kaum noch etwas, das ohne Elektronik funktioniert.

Zukünftige Entwicklung: *rasantes Wachstum der Datenmenge bis heute*

→ auch weiterhin zu erwarten, dass Datenmenge zunimmt

Unklar ist nur, welche Folgen das haben wird. Im besten Fall wird das Kaufen und Verkaufen dank genauer Datenauswertungen für beide Seiten einfacher und bequemer. Im schlechtesten Fall verursacht die Auswertung der riesigen Datenmengen den Unternehmen nur hohe Kosten, ohne dass es ihnen einen entsprechenden Nutzen bringt, und der Einzelne wird zum „gläsernen" Bürger ohne Privatsphäre.

Schluss: *ob Big Data mehr Vorteile oder mehr Nachteile bringt, ist unklar*

2. Stellungnahme

Wer mit dem Gedanken spielt, sich bei allen sozialen Netzwerken abzumelden und keine Kundenkarten mehr zu benutzen – so wie Svenja –, ist ganz schön naiv. Denn wir hinterlassen unsere Datenspuren auch an vielen Stellen, an die Svenja gar nicht gedacht hat: beim Herunterladen von Musik, beim Versenden von E-Mails, beim Online-Einkauf, bei Recherchen in Suchmaschinen usw. Man müsste sich schon ganz und gar aus der digitalen Welt zurückziehen, um sicherzustellen, dass man keine persönlichen Daten hinterlässt. Allerdings ist das kaum möglich und vermutlich auch nicht wünschenswert. Wer möchte schon auf die Annehmlichkeiten des Internets verzichten? Wer will heute noch ohne Handy leben?

Stellungnahme: *eigene Position: Ablehnung der Äußerung der Schülerin*

Begründung: keine Daten zu hinterlassen, ist in der heutigen Welt praktisch unmöglich

Es gibt allerdings durchaus Möglichkeiten, die eigene Privatsphäre besser zu schützen. Zum Beispiel kann man seine Datenspur verkleinern, wenn man wieder häufiger in „echten" Geschäften einkauft und bar bezahlt, ohne dabei Kundenkarten vorzulegen. Oder man verzichtet darauf, unnötige Informationen in sozialen Netzwerken zu teilen. Es ist auf jeden Fall ratsam, seine privaten Daten zu schützen. Ganz wird man sie aber nicht unter Verschluss halten können. *(774 Wörter)*

Einschränkung: private Daten können besser geschützt werden

Hinweis: Beim Vergleich der Materialien A und B musst du Übereinstimmungen und Unterschiede herausarbeiten. Dabei geht es vor allem um die unterschiedlichen Interessen verschiedener Gruppen, in diesem Fall um die Interessen der Käufer einerseits und der Händler andererseits. Frage dich, was die jeweiligen Gruppen wollen – und was nicht. Denke daran, dass du die Meinung einer Person – also auch die Meinung eines Verfassers – in Form von indirekter Rede (Konjunktiv I!) darstellen musst. Das ist deshalb nötig, weil du keine Tatsachen wiedergibst, sondern die Aussagen eines anderen. Es gibt aber einen Trick, wie du den Konjunktiv weitgehend vermeiden kannst: Kündige an, dass du im Folgenden die Aussagen des Verfassers wiedergibst, setze dann einen Doppelpunkt – und danach kannst du den Indikativ verwenden, weil dem Leser jetzt klar ist, dass du die Ansicht einer anderen Person darstellst.

Schreibaufgabe zu M 16: Fußball-Fieber

1. Textuntersuchung und -vergleich

In den Materialien A bis C geht es um die Fußball-Leidenschaft der Deutschen. Dabei spielen auch die Folgen, insbesondere mögliche Risiken, eine Rolle.

Gemeinsames Thema der Materialien: *Fußball-Leidenschaft und mögliche Folgen*

Für den Psychoanalytiker Volker Tschuschke ist die Begeisterung für Fußball eine Art Rückschritt auf eine frühere Entwicklungsstufe, auf der Menschen starke Vereinfachungen vornehmen und zu Extremen neigen. So würden die Fans laut Tschuschke, wenn es um Fußball geht, die Welt um sich herum schlicht in Gut und Böse einteilen, wobei sie sich selbst und ihre Mannschaft für die Guten hielten und die gegnerische Mannschaft und deren Fans für die Bösen.

Meinung des Psychoanalytikers, Material A:
Fußballbegeisterung als Rückschritt auf frühere Entwicklungsstufe

Nach Ansicht des Analytikers zeigt sich am Fußball, dass die Menschen immer noch steinzeitliche Gene in sich tragen. Anders lassen sich seiner Meinung nach die mächtigen Gefühlswallungen während eines Spiels kaum erklären. In dem Zusammenhang erinnert er daran, dass es bei Spielern und Zuschauern oft Rituale gibt, z. B. das Bekreuzigen oder bestimmte Gesänge. Da man nie wisse, wie ein Spiel ausgehe, bekomme Fußball fast etwas Göttliches, Schicksalhaftes.

uralte Veranlagungen kommen zum Vorschein

Gefördert werde die Fußballbegeisterung vor allem durch die Medien, die alle Ereignisse rund um den Fußball in die Wohnzimmer transportieren. Dadurch werde jedes Spiel um eine Meisterschaft zu einem Event, das niemand verpassen wolle.

Fußballbegeisterung durch Medien gefördert

Manfred Lütz, der Verfasser des Textes „Das Runde muss ins Eckige", ist der Meinung, dass einige Menschen den Fußballsport viel zu wichtig nehmen. Er erklärt, dass an der übertriebenen Fußballbegeisterung Einzelner sogar schon Ehen, Karrieren und Freundschaften zerbrochen seien. Gegen einen lockeren Umgang mit diesem Sport hat er nichts einzuwenden. Er hält es aber für falsch, wenn die Fußball-Leidenschaft übertrieben groß ist. Das könne zur Folge haben, dass diese Menschen im Fußball den Sinn ihres Lebens sehen und darüber wichtigere Dinge aus dem Blick verlieren.

Zusammenfassung von B:
Fußball-Leidenschaft kann das Sozialleben beeinträchtigen

lockerer Umgang mit dem Sport in Ordnung, aber nicht übertreiben

Im Text „Tödliches Fußballfieber" geht es um Gesundheitsgefahren, denen sich die Fans während eines Spiels unter Umständen aussetzen. Wie eine Untersuchung des Münchener Universitätsklinikums Großhadern gezeigt hat, stieg die Zahl der Herzinfarkte und Herzrhythmusstörungen während der Fußballweltmeisterschaft 2006 deutlich an: bei Männern um das 3,3-Fache, bei Frauen um das 1,8-Fache, und zwar unabhängig davon, ob sie ein Spiel im Stadion oder vom Wohnzimmer aus verfolgten. Auffallend hoch waren Herzkreislaufprobleme an Tagen, an denen die deutsche Mannschaft spielte. Ob sie gewann oder verlor, war dabei weniger wichtig als die Spannung während des Spiels.

Zusammenfassung von C:
Studie zeigt Gesundheitsgefahren durch Fußballbegeisterung

Anstieg akuter Herzprobleme während der Fußball-WM 2006

Spannung als Grund

Der in Material A interviewte Psychoanalytiker sieht in der Fußball-Leidenschaft kein Problem. Zwar bezeichnet er sie als „Rückschritt auf ein unreifes Niveau" (Z. 36) und als „emotionale Primitivierung innerhalb der Masse" (Z. 35). Aber zugleich ist ihm klar, dass Fußball auch eine wichtige soziale Funktion hat: Er fördere das Gemeinschaftsgefühl und stelle ein „Ventil zum Ablassen von aufgestauten Aggressionen" (Z. 56 f.) dar. Die Fußballbegeisterung scheint für ihn ein interessantes Phänomen zu sein.

Vergleich der Positionen in A, B und C:
A: *Fußball-Leidenschaft kein Problem*
sogar positiv: Gemeinschaftsgefühl, Abbau von Aggressionen
Fußballbegeisterung als interessantes Phänomen

Der Verfasser des zweiten Textes dagegen nimmt eine negative Haltung zur Fußball-Leidenschaft ein. Zwar weist er darauf hin, dass er „nichts gegen einen spielerischen Umgang" (Z. 9) mit dem Sport habe, aber seine Darstellung zeigt deutlich seine ablehnende Haltung gegenüber übermäßig begeisterten Fußballfans. Er meint, dass viele von ihnen „ganz und gar in der falschen Fußballwelt" (Z. 34) leben und deshalb ihr eigentliches Leben

B: *negative Einschätzung*

Verpassen des richtigen Lebens durch übermäßige Fußball-Leidenschaft